脳神経外科医が教える

脳科学的合格作戦

開道　貴信

まえがき

みなさんこんにちは。ぼくは、みなさんの困りごとを解決するお手伝いをしたくて、この本を書きました。なぜなら今度はぼくが、勉強のやり方で悩む人の役に立ちたいですし、それが、エール出版社さんへの恩返しとなればいいな、と思ったからです。どうしてぼくがエール出版社さんに恩返しをしたいと思ったか、といえば、ぼく自身がエール出版社さんから出た本を参考にして受験勉強したからです。

ぼくは高校3年生の夏、かなり追い込まれていました。ぼくほど追い込まれて後がない受験生なんて、この世にいるんだろうか、とさえ思っていました。1年生のときに何の気なしに入部したハンドボール部が実は強豪チームで、平日も土日も、夏休みも春休みも、ほとんど毎日部活中心の生活になってしまっていました。夏に引退することになって、急に受験に専念することになったのですが、受験勉強なんてどうやったらいいか、ちっとも分からなくて、途方に暮れるしかありませんでした。

確かにハンドボールはとっても面白い競技で、しかもぼくはゴールキーパーをさせてもらいました。それが楽しくってはまってしまったというわけです。ゴールキーパーは大事なポジションで、少しのミスも許されないし、すばしっこさや身体の柔らかさが求められるし、何より責任感が求められます。じゃあなんでぼくがゴールキーパーになったかというと、別にすばしっこくもなく、身体が柔らかくもありませんでした。ましてや責任感なんてちっともありません。毎朝自転車通学する際にN君が迎えに来てくれても、ぼくはいつも身支度が間に合わずに、門の前でN君を待たせてばかりだったような人間です。N君こそ、ゴールキーパーに適任だと思っていました。実際、中学時代は、N君はサッカー部のゴールキーパーで、キャプテンでしたから、ああいう人こそ、ゴールキーパーとして理想なんだ、と思っていました。

ならば、なんでぼくがゴールキーパーになったかというと、そこには複雑な事情があったのです。

高校のときに通っていた学習塾に、同じ高校のK君も通っていました。K君はちょっと小柄で人当たりのいい人で、見た目には運動向きには見えませんでしたが、彼がハンドボールをしていることは知っていました。ぼくは他の運動部に入っていたのですが、なんかかったるくて入学した年の秋には辞めてしまっていました。ある冬の日、K君が、もしよかったら、面白いから一緒にハンドボールをやろうってぼくを誘ってきました。ぼくとしても、残りの高校生活が楽しくなるならちょっとやってみようかと思い、軽い気持ちで入部しました。しかし入ってみると、想像とは随分違いました。

そこには鬼よりも怖いと恐れられるH先生という監督がいました。H先生は体育大学出身で、選手や監督として国体での優勝経験もあるだけに、甘えたことは許してくれませんでした。またチームメイトも勉強なんてそっちのけで真剣に全国大会出場を目指していました。そんな大事なことも、K君は、ぼくがそのことを知れば入部しないだろうと思って、ぼくが入部するまでひた隠しにしていたことも後に分かりました。なぜぼくに白羽の矢が立ったかというと、ぼくは身長が190センチと高くて、帰宅部だったということだけでした。K君も見た目によらず実は俊敏で、小学校のときから続けているベテランのゴールキーパーでした。しかしチームが大会で勝ち上がっていくにはもう一人背の高いゴールキーパーが必要だということになったようで、ぼくはまんまと、チームの陰謀にはまってしまったのです。

入部したはじめの頃のぼくは、大してボールも遠くに投げられないし、ボールを当てられると痛くてたまらず、やっぱり辞めるわ、といって部活に行かなくなりました。それでもチームに引き戻されて、ただ背の高いぼくにハイレベルのチームメイトが根気よくぼくの初心者レベルに付き合って練習してくれるようになりました。そうこうするうちに、ぼくもだんだん熱心に練習するように、ぼくを入部させる陰謀に気づいた頃にはもうすっかりそんなことはどうでも良くなって、ただハンドボールを上手くなって、試合で活躍したい一心で練習に励むようになりました。

ぼくの住んでいた都道府県には、ハンドボール部がある高校が100校以上ありました。その中でぼくたちのチームは、優勝するにはあと一歩及ばないものの、5本の指に入っていたほどでした。こうしたレベルの高いチームでもまれたかいあってぼくもなんとかチームメイトのレベルまで追いつくところまで上達しました。努力の甲斐あって、遠投ではチームで一番ボールを遠くに投げられるほどにもなりました。そして3年生の7月末に、出場した大きな大会が終わるとともに、ぼくたちもようやく部活を引退することとなりました。

さていよいよ受験勉強です。受験本番までわずか半年しか残されていません。今日からは思う存分勉強してもいいんです。ただそう言われてもやり方が分かりません。それでもぼくには大学に進みたいと心から熱望する強い理由がありました。ぼくはなんとしても医者になりたいのです。小学2年生で交通事故にあって入院した病院では、院長や副院長ら医師によってひどくしいたげられたり、医療過誤があって苦しんだ経験がありました。ぼくは自分こそ心ある医師になってこうした医師らを見返したい、と心に誓いました。そんなぼくの気持ちをよそにぼくの両親は、医学部はもとよりぼくが大学に進むこと自体も反対でした。商店経営をする両親にとって大学進学は役に立たないものだと思われていました。だからぼくは高校3年生の夏にもなって、両親に大学進学の許可を得ることから始めなくてはなりませんでした。

話が長くなりましたがそんなわけで、医学部受験までわずか半年しかない中、ぼくは窮地に追い込まれていました。そんなぼくを助けてくれたのがエール出版社さんの受験対策本でした。ぼくのいた高校は、当時1学年に670人ほど在籍する公立の進学校で近隣の国公立大学や私立大学への進学実績はあるものの、医学部に進学する人は浪人生でもわずかです。ましてや現役での国公立大学医学部に進学する人は、遙か昔に遡らなくてはなりません。

そんなわけで、ぼくはとりあえず都心の書店にいって、なにか受験に関する手がかりがないか探してみることにしました。大学入試の情報誌である『螢雪時代』（旺文社）を買ったのも3年生の夏が初めてでした。そこには医学部は学費が高いというのは私学に限った話で国公立大学は他の学部と同じで随分安く通えることが書かれており、ぼくはその時初めて知りました。そうと分かれば目指すは国公立大学の医学部で、両親を説得する材料にしました。

次に書店の大学受験に関する本がある書棚を端から端までくまなく見ることにしました。受験科目の問題集や参考書にも色々あって、どれを買って良いのやら……。医学部に行くにはここにあるのを全部買って覚えなきゃいけないのかなぁ、など考えると、気持ちがかえってもやもやしてきました。そして棚の一番端の方に行くと、書棚の仕切りには「受験対策」と書いてありました。そして棚には多くの勉強法について書かれた本があり、そのほとんどがエール出版社さんの本でした。背表紙のタイトルを目で追っていくと、『私の医学部合格作戦』（エール出版社）という本がありました。そこには、医者になりたいなら最後まであきらめるな、とか、現役生は受験直前まで成績が伸びる、といったことが書かれていました。そしてどのようにすれば医学部に合格できるかが、書かれてありました。こうした内容は、自分の周りに国公立大学医学部受験に関する情報が一つもなかったぼくにとって、まるで真っ暗な洞窟の中でようやく見つけたかすかな希望の光でした。

こうした受験対策法の内容は、各教科を学ぶ前に、その学び方自体を学べる点で大変役に立ちます。さらには、合格体験記を読むことで、身近に手本となるような人がいないぼくのような受験生でも、手本となる人を本の中で得ることができるのです。

手本となる人がいることはとても大事です。そのことはぼくが部活のときでも体験することができました。K君をはじめとするチームメイトや、人として尊敬する監督のH先生といった、ハンドボールで手本となる人たちがいたからこそ、短期間に上達することができました。そして今度はエール出版社さんの本で、受験の手本を見つけたのです。その後はその本に励まされながらひたすら勉強し、半年後に公立の医科大学に合格することができました。

その後ぼくは脳神経外科医となって、仕事柄、脳科学を深く学ぶようになりました。さらには興味のあった解剖生理学を教える大学教授の職にも就くことができました。こうした仕事をするにつれ、ぼくの中で脳科学にもとづく効果的な学習法が頭の中にまとまってくるようになりました。ぼくの学習法は、こうした学習法がなぜ良いのか、もしくはよくない学習法はなぜ悪いのか、脳科学的な理由を添えてお伝えすることができます。だからこれから学ぼうとする受験生にとって、迷いなく進むことができます。

こうした学習法に関する本を、エール出版社さんで出版することができれば、高校生のときに困っていたぼくのような受験生のみなさんにとって光を照らすことになると信じています。そしてエール出版社さんへの恩返しになれば、と願います。

◆もくじ◆

7章 最適な学習環境を作る

8章 受験勉強生活を過ごす

1章　テストって何？

①テストって何？

テストと聞いて、みなさんはどんな気持ちになりますか？　みなさんの多くは、テストって嫌だなぁと思うのではないでしょうか？　ぼくもそうでした。特に、苦手な科目のテストを受けている最中は、苦しみしかありませんでした。高校生の時は社会が苦手でした。現代社会では、聞き慣れない言葉が出てくる上に、その言葉同士のつながりをストーリーで理解していないから、記述問題には対応できませんでした。世界史では、世界の地理が分かってない上に、各々の国の歴史や、国同士の関係性も分かっていないから、やっぱり難しくて、テストは辛い思い出でした。

ところで、テストってなんのためにあるんでしょうか？　そりゃぁ、勉強した内容が理解できているかどうか、知るための物だよ、という答えが聞こえてきます。まあ、ぼくだってテストは嫌いだけど、そこまではさすがに分かりますよ。でも、テストってなんだろう、と思い始めていろいろ分かってきたのは、ぼくがすっかり大人になった30歳の頃でした。

ぼくが大学入試で医学部に合格した後もテストが目白押しでした。大学の授業には期末試験があってそれに合格しないと単位がもらえません。しっかり単位を取らないと留年してしまうとあって、気が気でなりません。留年は許されないと両親にいわれていましたので、大学に入ってからも一生懸命勉強して、とにかく単位を落とさないように必死でした。同級生は見たところここまで精神的に追い込まれていない様子であるのをみると、ぼくが心配症なのか、それともぼくの家庭環境に余裕がないのか、はたまたその両方なのかもしれません。大学の期末試験では、先輩たちのノートや過去問のコピーを手に入れて、なりふり構わずテスト対策をしました。医師国家試験も同じように書店で過去問集を買って、先輩からもらった模擬試験の問題も使って、テストで合格点を取ることを目標に自分でもよく勉強したように思います。お陰で留年もせず、医師国試も一度でパスすることができました。

この時ぼくは、24歳になっていました。

しかしテストはこれで終わりではありませんでした。脳神経外科を専攻したぼくを待ち受けていたのは、６年後の脳神経外科専門医試験でした。このテストは毎年夏に行われるもので、脳神経外科に関するいろんな医学的知識をペーパー試験で問われる上に、面接試験で正しい手術法について答えなくてはなりません。このテストはとっても難関で、真剣に勉強してその内容をすでに仕事としている脳神経外科医の卵たちが受験しても、合格率が６割ほどです。不合格になると翌年に再受験となります。ぼくのまわりでも先輩医師の方々はみな努力してこのテストを突破しておられますし、その大変さもよく聞かされました。

ただ、このテストは出題内容がごく一部しか公表されないので、過去問全体は聞き伝えで知るか、どこからか回ってきたあやしいコピーで知るくらいでした。だからその内容もぼんやりとしか分からないだけに不気味であって、そのテストが年々近づいてくると、不安ばかりが募りました。

そこでぼくはふと考えました。そもそも、テストってなんだろう？　この脳神経外科専門医試験は、何のために行われるんだろう？　その目的が分かれば、何か勉強の手がかりが得られるんじゃないか……。

しかし今度は大学受験と違って、書店に行っても専門医試験のための受験対策本は売っていません。さすがのエール出版社さんでも、こんな特殊な試験のための対策本は出版してくれないんでしょう。

それでもぼくはあきらめませんでした。書店に行って資格試験に関する書棚を見てみると、専門医試験の対策本はありませんが、別の資格試験、例えば司法試験、公認会計士、司法書士、といった資格対策本は、エール出版社さんからのものを含め、いくつも出版されていました。わらをもすがる思いで何冊か購入して熟読してみました。すると、医学と法律などでは学ぶ内容は違いますが、むしろテストに対する考え方がより客観的に分かるようになりました。さらには、テストは何のために行うのかを理解できるようになっていきました。

② 相対試験と絶対試験

まずテストには、いくつかの種類があるということを知りました。分類の仕方はいくつかあるのですが、大きな分け方として絶対試験と相対試験というものがあるそうです。この分け方は、どういう人がそのテストに合格するか、という点にあります。

絶対試験では、テストの合格点に達した人は全員合格となります。一方、相対試験では合格者数が決められていて、成績優秀者の上位から順番に人数で合否が決められ、点数は原則的には無関係となります。こうした、これからみなさんが受験するテストがどっちのテストかを知っておくことは、受験対策において、大変重要です。ぼくは、30歳で知ることになりましたが、みなさんには少しでも早くこのことを知ってもらうと、学び方の計画が立てやすくなります。

たとえばぼくが受験した脳神経外科専門医試験の場合、はっきりどちらかを公表していないのですが、例年およそ３００名が受験して、２００名前後が合格するので、実質上は相対試験といえるかと思います。相対試験は合格率が毎回一定になる傾向があるので、例えば、司法試験、司法書士試験、税理士試験、医師国家試験、といった、国家資格に多い傾向があります。ただし、実際にはテストの点数を公開するなど、絶対試験の体裁を取っている場合もあります。それでも、判定基準や不適切問題の考慮などで、採点する問題数を調整することもあって、事実上は相対試験のように運用されて、合格者数がほぼ一定に保たれている例が見られます。

一方、絶対試験には、実用英語技能検定（英検）や漢字検定といった、能力を判定する民間の試験に多く用いられているようです。そして、合格基準を満たした人はみな合格できると考えられます。

このように、みなさん方がこれから受験するテストが、人数で切られるのか、点数で切られるのか、ということは、あらかじめ知っておくと、勉強の仕方も変わってきますので、大切だと思います。

それでは、中学・高校・大学などの入学試験はどうでしょうか？　受験者数が何人であっても募集人数は同じですから、考え方としては、相対試験だと判断することができます。しかし最近は、入学試験の判定はかなり複雑になってきていますから、必ずしも相対試験だとも言い切れず、学校によっては絶対試験の要素も伴っていることが多くなってきているのが現状です。

入学試験が、相対試験であって絶対試験の要素もある、というのはどういうことかを説明します。近年は少子化で、どの学校も受験者数を確保することが難しくなってきています。そこで特に私立の学校の多くは、入学試験の日程を複数回設けています。それは1回目の入学受験で学校側が合格者を出しても、ある程度の数の合格者が他の学校にも合格していて、その他の学校に入学手続をするために併願校の合格を辞退する場合が多いためです。みなさん受験生は、少しでも希望順位の高い学校に入学したいと思っていることでしょう。その一方で、入学試験をする学校側は少しでも学力の高い受験生を確保しつつ、募集人数より多すぎたり少なすぎたりしない程度の入学者数にしたい、という考えがあります。まとめると、私立でも難関校だったり、国公立の学校は、一般的に受験回数が少なくて、ほぼ相対試験であるといえます。しかしそうでない学校ほど、絶対試験で一定水準をクリアすれば合格が得られるということです。

こうした背景を考えておいて、みなさんご自分の志望校の入学試験の形が例年どの程度の合格者数であったり難易度であるかを十分調べておくことは、出題傾向を調べておくことと同じくらい大切です。なぜなら、どの程度点数を取ればよいかが、こうしたテストの種類を知るだけで分かってきますから、受験勉強で到達すべきレベルの目標を設定しやすくなるからです。

③ テストで頭の良さが測れるの？

テストには、入学試験・採用試験・資格試験といった身近なものもあれば、神経心理検査という医学的な試験もあります。例えば知能指数や記憶力検査といったものも、神経心理検査にはあります。知能検査は、大人数の人に予め検査を受けてもらって、そのスコアを元にして、どのくらいのスコアだと標準か、もしくは知能が高いとか低いとかをいえるか、といった規準を作っておきます。その後に、新たに検査を受けた人のスコアを規準に照らし合わせて、高いか低いかを判定する、ということになっています。知能検査はたくさんの問題数で、偏りが少ない検査項目に設定されていますので信頼性が高いと考えられています。

それでも、こうした神経心理検査が、本当にテストを受ける方々の知能や頭の良さを反映しているかは分かりません。なぜなら人の能力には文字通り計り知れないところがありますし、テストの正解や不正解もたまたまかもしれませんから、検査の精度も絶対正しいわけではないからです。さらに、こうした神経心理検査も何度も受けていると練習効果があって、繰り返して受ける人はスコアが上がる傾向となることは、よく知られています。知能指数は標準が100で、普通は85から115の間に収まります。かの天才アインシュタインは190もあったともいわれています。100からの隔たりは標準偏差で求められるので、ざっくり偏差値を倍にした求め方と考えれば良いでしょう。ただし、標準偏差は偏差値が10、知能指数が15と少し異なります。

神経心理検査が繰り返して受けるとスコアが上がることは、入学試験などのテストにも共通しています。神経心理検査を受けるのに受験対策する人はあまりいませんが、入学試験に対して受験対策する人は多いはずです。だから十分準備して受験すれば、それだけ高いスコアを出しやすくなります。入学試験を行う学校側は、入学後の授業に付いてこられる受験生を選抜したいと思っています。しかし、受験生は多かれ少なかれ受験勉強をしてきていますので、テストの成績には神経心理検査でいう練習効果が現れます。したがって入学試験では知能を測ることはできない一方、どの程度までの学習内容を習得しているかは知ることができます。つまり、入試のスコアが頭の良さを必ず反映させているとは限らず、ただの選抜基準であるにすぎないのです。

入試は頭の良さを反映するわけではなく単なる規準である、ということが分かると、純粋にテストで点を取るにはどうしたらいいかだけを考えれば良いので、考えがブレずに済みます。

ぼくの場合、医学部受験の話に戻りますが、自分の中ではずいぶんためらいもありました。高3の夏に担任のO先生との面談があって志望校を尋ねられました。その時は、医学部受験をすることがまだぼくの中で実力不相応だという気持ちがありました。だから、O先生に志望校を話すことがとても恥ずかしく、それでも何とか志望校を打ち明けました。ぼくはてっきり、医学部受験をすると伝えたら笑われて、そんなの無理だよと言われるものだと思っていましたので、ぐっと歯を食いしばりながら先生の反応を待ちました。しかし意外にも、O先生はぼくの志望校の告白を、やさしく包み込むように受け止めてくれました。O先生は数学教諭で、ぼくも数学だけは当時でも成績が良かったのですが、そのことが幸いしたのかもしれません。O先生は、大学の一般入試では出身校も、現在の成績も関係なく、受験当日に合格最低点を取れれば良いだけだから、今からしっかり頑張りなさい、と励ましてくれました。こうした考えはまさに、難関大学の入学試験が相対試験で、有名進学校に通っていることや模擬試験の成績が良いことなどは一切関係なく、ただ受験当日の競争に勝てれば良いのだということと共通しています。

テストに合格した人がいたら、それは頭が良いから合格したのではなく、合格したから頭が良いと思われているだけだぐらいに思って、テストを受ける前から不要な気後れをせず、淡々とテストに備えましょう。

2章　脳の役割分担を活かそう

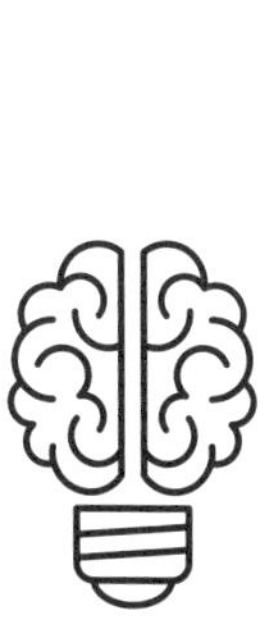

① 脳の役割分担って何？

テスト勉強には暗記がつきものです。みなさんは、どんな風に暗記していますか？　テスト勉強のための暗記法にはいろんな方法があって、みなさんそれぞれに方法が異なると思います。ありふれているのは、英単語などの覚えなくてはならない単語を何回も紙に書いて覚える、というものがあります。ぼくも、苦手な英単語は、大きな紙に鉛筆で繰り返しその単語を書きました。

ぼくが一番覚えにくかった英単語は、responsibility という単語です。この単語の意味は、責任です。責任感が欠けていたぼくならではだと思います。この単語は、辞書で14回も調べましたし、紙には連続して２００回書きました。こうしてぼくはやっかいな responsibility を退治できました。しかし今思えばこのやり方はとても非効率で、脳科学的に優れているとも言い難いので、あまりお勧めしません。なぜならこの方法だと脳にたくさんある場所のうちごく一部しか使わないからです。

脳は脳幹・小脳・間脳・大脳という4つに分類できます。そして、大脳も右脳と左脳があって、それぞれ前頭葉・頭頂葉・側頭葉・後頭葉といった4つの脳葉と大脳辺縁系に分けることができます。さらに、脳葉の中にはさまざまな脳回という脳のしわの間の盛り上がりがあって、脳回ごとに働きが異なる上に、脳回の中でも少し離れると全く働きが異なります。このように、脳には場所によって働きが全く異なるのです。

例えば、黙々と英単語を紙に書き続けるときは、左脳の前頭葉にある手の運動野と頭頂にある手の感覚野、左脳の側頭葉の感覚性言語野を使いますが、それぞれは小さい領域です。それから両側の後頭葉にある視覚野も使いますが、視野の中で取り立てて見た目に特徴のない文字が並んでいても、視覚野に強く印象づけることはできません。

以前は、記憶チップという考え方がありました。パソコンやスマホでファイルを記録すると、たしかにメモリが消費されます。だから、あまりたくさんの記憶をするとメモリが消費されて非効率だ、という考えです。この考えはいくらか正しい部分がありますが、全て正しいわけではありません。

脳には、おばあさんの顔に反応する細胞がいる、という説があります。脳のある細胞は、知人の顔のそれぞれに反応する細胞があって、みなさんの脳のある細胞を刺激すると、例えばみなさんのおばあさんのことを思い出させる細胞がある、というものです。だとするとあまり無駄にいろんな記憶をすると、脳の細胞を消費してしまうから良くないかもしれません。

しかし、脳の記憶は、細胞の一つひとつだけで行うものではなく、細胞同士のつながりで覚えていく側面もあります。みなさんにはなにか匂いを嗅ぐと、昔の場所や人などを急に思い出した経験はありませんか？　匂いの感覚である嗅覚は、記憶を司る大脳辺縁系と直接つながって記憶に関わる海馬に感覚が伝わるために、匂いと記憶の関係が強いのだと考えられています。他の感覚は間脳の視床に伝わりますが、感覚が異なると別々の脳の領域に伝わります。聴覚は側頭葉、触覚は頭頂葉、視覚は後頭葉、といった感じです。

②脳はどうやって覚えるの？

ただあいにく嗅覚が受験勉強に役立つかどうかは難しいところです。なぜなら、確かに匂いが記憶を引き出すきっかけにはなるのですが、試験中に特定の記憶を引き出すのに必要な匂いを嗅ぐのが難しいからです。ペーパーテストでは文字が紙に書かれているので、記憶を引き出すきっかけの感覚は、目で見た景色である視覚情報となります。その視覚情報を見たときに問題が解けるような情報が脳から引き出されると、正答を導くことができます。

文字から意味を読み取るためには、後頭葉の内側で形を読み取った後、後頭葉の外側でその意味を認識しようとします。その際に左脳の側頭葉にある感覚性言語野とつながって、問題文の意味を認識します。その後、長期記憶にアクセスして、さらに問題を処理するための脳領域につながります。計算処理や空間認識なら左頭頂葉、思考判断なら前頭前野、といった具合です。

みなさんもテストに強くなるために、記憶力を強くしたい、と思いますよね。

例えば、教科書を一日見ただけですっかり覚えてしまう能力があるといいですよね。マンガのドラえもん®には、「アンキパン」という秘密道具が登場します。覚えたい本のページに、食パンのようなアンキパンの表面を当てると内容が写されます。そしてそのアンキパンを食べると、電話帳でも教科書でも写された内容をすっかり覚えてしまうという道具です。ぼくも小学生の時は感化されてしまって、家の食パンを電話帳に当てて食べた経験がありますが、暗記には役に立ちませんでした。

ここからはいよいよ、脳がさまざまな情報をどうやって覚えて、どのように思い出すか、についてお話しします。さらに、より良く覚えてテストでしっかり思い出す方法もお教えします。

まずは、記憶には種類があることを学びます。記憶の分類法は心理学や神経学で少し異なりますが、ここではみなさんに分かりやすくお伝えするためにぼくなりに意味をまとめて分類し直すことにします。

ここでは覚えていられる時間の長さで、秒の記憶、日の記憶、月の記憶の3段階に分けることにします。

③ 秒の記憶

みなさんに起きる出来事は、見たり聞いたり嗅いだり触れたり味わったりした感覚として、目が覚めている間はずっと脳に入り続けます。その出来事のほとんどは、長く記憶せずに通り過ぎていきます。ただ、ほんの短い時間のざっくりした記憶があって、現在入ってきた情報と比べることで、今みなさんの前にある出来事が、全く変化がないのか、それとも変化しているのかを感じ取っています。

この役割を担うのが、秒の記憶です。町を歩いていて人とぶつからないように歩いたり、目の前にあるお茶が入ったグラスに手を伸ばたり、歯を磨くときに磨く歯を次々に変えたり、といったときに、寸前の記憶を、たった今の状況を判断するための材料として用います。そして、次から次へ、要らなくなった記憶を忘れていきます。

逆にこうした記憶が覚えられたままどんどんたまっていくと、脳が混乱しますので、忘れるということは今を生きるために大切な本能ともいえます。そして、大切な情報だけを脳が自動的に選りすぐって、日の記憶に保存するのです。こうした秒の記憶を担当しているのが、海馬という脳の領域です。

例えるなら、数十秒ごとに録画した内容が書き換えられるドライブレコーダーがあって、事故があったらその衝撃によって自動的にメモリに記憶を写しておくような感じに似ていると思います。

臨床神経学の観点で一例を挙げてみます。脳の病気には、海馬のはたらきが一時的に損なわれる発作を起こすものがあります。その発作のときだけは、たったいまの出来事は分かるものの寸前の記憶が存在しないため、その人の行動が脈絡のないものになってしまいます。目の前にある卓上の文房具を並べてみたり、問いかけに適当な返事をしたり、歩いて駅に向かっていたはずが違う方向に向かってしまいます。発作が終われば元に戻りますが、発作の間の記憶は全くありません。これも、海馬による秒の記憶が損なわれるためです。

ところで受験勉強で成果を上げたいからといって、秒の記憶をすべて日の記憶に移すことは、脳の容量不足のために、残念ながらできません。そして、どの記憶を秒の記憶から日の記憶に移すかは脳自身が決めていて、意志の力で直接コントロールすることもできません。

ならば、間接的になら秒の記憶を日の記憶に移すことができるのでしょうか？

答えはイエス、です。

例えば、何を記憶したいか予め決めておくと、その情報への集中力が高まって、記憶をより長く保ちやすくなります。知らない人の顔の特徴を思い出すことは慣れていないと難しい作業です。しかし画家や警察捜査の似顔絵を描くようなプロの人なら、顔を記憶するために必要なポイントが分かっているので、長く記憶することができるようです。

受験勉強でいうと、授業を普通に聞いていても、全てを覚えることは難しいでしょう。一方、授業前にさっと教科書を読むなどして予習をしておいたり、授業中の先生の話で次の話を予想したり疑問を持ちながら聞いておくと、秒の記憶から日の記憶に移りやすくなります。

それでは次に、日の記憶について学んでいきましょう。

④ 日の記憶

これまで記憶について、秒の記憶で学んだことのうち、ごく一部が日の記憶に移る、というお話しをしました。そしてその移り方は、直接意志の力でコントロールすることは難しいのですが、間接的にコントロールする方法があることもお伝えしました。

日の記憶にも秒の記憶と同じように、大切なはたらきのために存在し、そして何日かすると忘れてしまいます。その大切なはたらきの仕組みが何か分かれば、きっと受験勉強のやり方にも役立つはずです。

今現在、私たちは、文明社会に生きています。しかし、脳や身体のはたらきは、文明社会の進歩のスピードよりはるかにゆっくりにしか進みません。したがって、昔の人類がどのように暮らしていたかを知ると、人の脳の働きを知ることに繋げることができます。

こうしたジャンルの脳科学に、認知考古学や神経考古学があります。人類は主に昼に活動する昼行性のいきもので、夜行性の動物に比べて色覚に優れ、長い間狩猟採集生活を送っており、色覚は狩猟採集に役立てていたものと考えられています。寝床としては、外敵を避けるために岩陰や浅く掘った砂場で日を焚いて集団で休んだり木の上などで休んだようです（今村、２０１９、日本人類学会進化人類学分科会ニューズレター）。また『石器時代の経済学』（サーリンズ、２０１２，法政大学出版局）によると、現代の狩猟採集民の毎日では狩猟採集に2時間、道具のメンテナンスや料理に2時間ほど労働し、あとは休息と睡眠に充てているのだそうです。かといって、狩猟採集で食糧に余裕があったわけでなく、不足しているために余分なエネルギーを使わないようにしているため、労働時間が短いのだと考えられています。

こうした日常を送る人類の脳のはたらきとしては、効率の良い狩猟採集を行うために、ターゲットがいる場所との往復をします。その際に、自分がどこに向かっていて今何をしているかの心構えを持ち、新たに見つけた良い狩猟採集の場所を覚えておく必要があります。そのためには朝からの自分の行動や出来事を記憶しておく必要があります。特に獲物を見つけた場合は、その良い情報が脳にご褒美であると認識するドーパミンが分泌されて記憶が長く留まりやすくなって、秒の記憶が日の記憶に移り、さらには月の記憶になって長く残りやすいものになっていくのです。――参考：『スマホ脳』（ハンセン、２０２０、新潮社）

私たち人類にとって記憶とは、狩猟採集のターゲットの場所を覚えたり、危険な外敵の場所や対応を学んだり、仲間とコミュニケーションを行う方法を知るための、サバイバルのアイテムであると言って良いでしょう。

このように、記憶が人類のもつサバイバルに必要なはたらきであるとするならば、受験勉強でポイントを長く記憶するためには、こうした点を意識することが良いでしょう。次に、さらに長く記憶する、月の記憶についてお話しします。

5 月の記憶

狩猟採集生活において長く記憶を留めることが必要なものに、狩猟採集できる場所や、危険な敵、といった情報がありました。こうした情報は、脳にとって喜びや恐怖といった感情に強く影響を与えます。感情は大脳の中でも大脳辺縁系という深いところと関係します。みなさんにも、感情を揺さぶられた出来事は、強く長く記憶に留まるのではないでしょうか。

ぼくの場合、高校3年生の夏に出場したハンドボールの試合で忘れられないプレイがあります。全国優勝を誇っているチームと対戦したときに、相手チームのエースがゴール隅に投げたシュートを精一杯手脚を伸ばして上手くはじき出すことができました。その試合ではぼくたちのチームが勝利することもできました。そしてぼくとしては、短いハンドボール歴の中ではありますが最高のプレイでした。そのため、試合が終わっても強く覚えていて、そして思い出しては喜びに浸っていました。そのためか、あれから30年以上経った今でも、あのプレイは忘れることがありません。今でも自分がどのように身体を動かしたか、そして止めたボールがどんな感触だったか、はっきりと覚えています。こうしたことは覚えようとして覚えているのではありません。そのときの喜びが余りに大きかったので、その出来事を脳が日の記憶に引き上げたのでしょう。そして頭のなかで繰り返しこの出来事を思い出すたびに脳のご褒美が働いて、月の記憶に格上げされたのです。

つまり、日の記憶から月の記憶に格上げするためには、喜怒哀楽、身体の広い範囲の感覚、ご褒美、繰り返し、といった条件が必要となります。

さて、こうした月の記憶の条件を受験勉強で活かすにはどのようにすればよいでしょうか。次からは、受験勉強に活かす記憶の方法についてお話ししていきます。

⑥ 喜怒哀楽と記憶

目の前の出来事のほとんどは覚えることはありませんが、嬉しいことや悲しいこと、嫌なことや楽しいことは、記憶に残りやすいものです。みなさんにも、そうした記憶はありますよね。

ぼくの場合、小学2年生のときにニワトリがエサを食べた後に首を上げて飲み込むことを答えたら担任のK先生が褒めてくれたこと、高校3年生で大学受験の合格発表で貼り出された合格者に自分の名前を見つけたこと、など、良い思い出はずっと忘れずにいたいものです。

一方、小学2年生で入院したときに医師から受けた言葉や身体の虐待や、小学4年生ではぼくはなにもしていないのに同級生に殴られたこと。小学6年生のときには授業中に、教室の後ろの壁に貼ってある生徒全員の自画像を見た担任の先生がおもむろに、ぼくの絵は変わった人が描く絵ですねと（本当はもっときつい言葉でしたが）、図工の先生は良く描けたと褒めてくれたその絵をみんなの前でののしったことも、未だに忘れられません。こうした嫌なことも消したくても消せない記憶としていまだにフラッシュバックしてぼくを悩ませます。

感情は人類において生きていくためのアラームとして大切なはたらきがあります。だから良い思い出はさらに繰り返せるように、悪い思い出はもう二度と繰り返さないように、深く心に刻まれます。

こうした感情を受験勉強に活かす方法としては、学ぶことをできるだけ喜怒哀楽の感情に絡めておくのが良いと思います。例えば国語で、論説文でも物語文でも、感情に落とし込んで読めるようになっておくと良いと思います。古文や漢文でも同様で、筆者や登場人物がどのような気持ちになっているかを、時間がかかってもよく考えておくと、記憶しやすくなります。社会でも、世界史や日本史では、国や地域、グループなどを登場人物に見立てて、それぞれの気持ちになって歴史を理解しようとすると、なぜこうした出来事が起こったか、という背景が理解できて、記憶に留まりやすくなります。ただし、自分自身の心に傷が付くような記憶は残さないようにしてください。

❼ 脳が変化するということ

脳の大脳にはさまざまな機能が領域ごとに分かれているという話を、すでにしました。このことを、大脳の機能局在といいます。どのようにして大脳に機能局在があると分かったのでしょうか？　それは、脳が病気になったり怪我をして話ができなくなったり手脚が動かなくなったとき、脳のどこに異常があるのかを調べていくことで徐々に分かってきました。さらに脳の病気を治療する手術を行うときに、脳の大切なはたらきを損なうことがないように患者さんの麻酔を浅くしつつ脳に弱い電気を流して身体の反応を確認していくことが行われてきました。こうした医学分野を機能的脳神経外科学といい、ぼくもその専門家です。機能的脳神経外科では、患者さんの生命はもちろんのこと、脳のはたらきも大切にするために、脳のはたらきを丁寧に調べていくのです。いまではＭＲＩを用いて手術前にもある程度の脳機能を知ることができるようにもなっています。

こうして、先ほど述べたような、左右や脳葉や脳回ごとに機能が異なることが分かってきました。

ここまでお話しすると、みなさんの中では記憶について次のような疑問が湧いてきませんか？　月の記憶のような、長く保たれる記憶はどこに蓄えられるんでしょうか？　大脳のどこからしいのですが、実はここ、というはっきりしたことは分かっていません。しかしぼくはおそらくここにあるんだろうと思っている場所があって、他の研究者もどうやらそうではないか、と考えています。それはもはや大脳の表面にある大脳皮質の一部ではなく、その奥にある大脳皮質や大脳白質にある細胞同士のつながり自体に、月の記憶の場所があるのだろうということです。ちなみに、手続き記憶とよばれる動作を記憶する領域としては、大脳基底核という脳の深い場所や、小脳という場所で記憶が蓄えられるようです。

実は大脳の機能局在説では、いくつかの矛盾が説明できず、今の脳科学では限界にぶち当たっています。例えば、脳回に細かい機能局在はあるものの、そこが完全に病気や怪我で壊れてしまっても、時間が経ったり、リハビリテーションに取り組むと、徐々にある程度機能を回復させることができます。このことを脳の可塑性《かそせい》といいます。可塑性というのは、粘土を押したら形が変わったまま維持するという意味です。そして、脳の可塑性とは脳の形ではなく、脳のはたらきが周りからの影響で変化できることをいいます。

ぼくたち機能的脳神経外科医はこの脳の可塑性を期待して脳を手術することがあります。脳の病気が発症してから手術するまでの期間が早ければ早いほど、あとの脳機能が回復したり発達する程度が良いことを知っています。

つまり、脳の機能局在は、発達途中であったり回復途中であると、別のところに機能を移すことが出来るということです。この機能を移す脳の可塑性は脳の細胞同士のつながりを新たにすることによります。脳の細胞は生まれてから再生せずに減る一方だと一般的には言われています。しかし、細胞同士のつながりは、新たなものができたり、つながりが強くなったりすることができ、そのつながりの変化が機能の変化をもたらすのです。

脳のつながりは、必要に応じて神経線維が伸びたり、つながる部分の数が増えるように、形自体が時間をかけて変わっていきます。神経線維が伸びるには数時間から数日かかり、つながりの数は数ミリ秒から数分で変わるといわれます。つまり、脳のそれぞれの部分がつながり合うのは随分大がかりで時間もかかりますが、一旦つながりが作られれば、そこが強くなるのはさほど時間がかからないと言うことになります。

神経線維が伸びていくことは、朝顔のつるが伸びていく様子に似ています。朝顔も水や養分を吸収して成長していくのと同様に、神経線維も栄養素を使ってエネルギーも消費しながら時間をかけて伸びていきます。このことは大変ですので、神経線維を伸ばすことが必要だという条件が満たされることが必要となります。神経線維が伸びていくことは、植物に見立てて発芽と呼ばれています。

その神経線維が伸びる条件は、あらたな神経回路が作られる必要性があることですから、これまであまり関連のなかったつながりを強化する必要が生じることとなります。そのためには受験勉強の際に、内容を覚えるために脳のいろんな場所を使うことを意識しながら学ぶと良いでしょう。

脳には役割分担があることをお伝えしました。そして、それぞれがつながるような学び方をすれば、新しく神経線維が伸びていくこととなり、それは月の記憶のように長持ちする記憶が得られやすくなります。そのことについて、次章で具体的にお話ししていきます。

3章　脳をつなげる

① 脳の色々な場所をつなげる

前章までに、脳の色々な場所をつなげると、学びが定着しやすいというお話をしました。そのためには受験勉強のときに、さまざまな脳のはたらきを組み合わせて学ぶことが必要になります。

具体的に説明するために、ある英単語を覚える方法を考えています。responsibilityというぼくがなかなか覚えにくかった単語です。受験勉強の当時、ぼくは200回連続して紙に書いて何とか覚えることができました。しかしこれは悪い例だと思っています。だってあまりに効率が悪いと思いませんか?

例えば、responsibilityという英単語を覚える際に紙に書くことはいくらか役に立ちますが、ほかにも方法を足してみます。例えば、自分で発音してみます。片仮名で書くとリスポンシビリティ、となります。この場合、側頭葉の聴覚野や左前頭葉の運動性言語野が活動します。さらには、最近は電子辞書やパソコンやスマホでは正しい発音を聞くことができます。他人の声で正しい発音を聞くと、側頭葉の聴覚野や感覚性言語野が自分の声とは本の少しだけずれた領域が活動します。自分の声と他人の声を認識する領域は必ず異なるからです。

さらに、付箋の表面にresponsibility、裏面に責任、と書いて、自分の部屋の扉の取っ手あたりに貼っておきましょう。すると、その付箋を見る度に視覚野と感覚性言語野が活動することに加えて、空間認識と場所の感覚を担う右頭頂葉も活動することでしょう。

加えて部屋で一人の時に立ち上がって両手を突き上げながら、なにか音楽にでも合わせてresponsibilityと繰り返しシャウトしてみましょう。この時、両側前頭葉の運動野と右側頭葉の音楽知覚野が活動します。こんな風に覚えにくいことを暗記する際に、意識的に運動や感覚で脳をいろんな風に刺激すると、それぞれの領域が連絡しあう神経線維のつながりが強くなっていきます。こうしたことを時々繰り返してやると、ただ書き続けることに比べて簡単に記憶できることが実感できるでしょう。

② 記憶の宮殿

また記憶術にはさまざまな方法があります。その中でも記憶の宮殿法という記憶術は、脳科学的な根拠があって、効果も立証されている上に、昔から世界中で使われています。

記憶の宮殿法では、みなさんの頭の中に、内部まで想像できる大きな建物を思い描いてみてください。宮殿という言葉が使われているのは、この方法のはじまりが紀元前5世紀にさかのぼるからです。古代ギリシアのシモニデスという詩人が宮殿で貴族たちを前に詩を披露して外に出た後、宮殿が崩れてしまい、多くの貴族が下敷きとなり亡くなってしまいました。埋葬のための身元調査をしましたが、あいにく遺体からは身元が特定できませんでした。ところでシモニデスはなんと貴族の席順を全て記憶していたことから、シモニデスの記憶と遺体の場所を照らし合わせて全員の身元を特定することができました。このように記憶すべきことと場所を結びつけると確かな記憶を長く残すことができるとして、記憶の宮殿法が知られるようになりました。

既に述べたように、場所の記憶は狩猟採集生活を送っていた人類において生死に関わりますので、とても重要なはたらきです。そしてこのような人類に備わったはたらきは、文明が発達した今を生きる現代人にも未だに引き継がれています。したがって、こうした記憶の宮殿法は脳科学的にもとても理に適っています。あとは、方法を現代風に使いやすくアレンジしていきましょう。

まず、宮殿を別の建物に取り替えてみましょう。例えば通学していた学校ならなじみがあると思います。不登校だったり学校に嫌な思い出がある場合は図書館とか市役所とかスーパーや商店街でもいいでしょう。頭の中でみなさんがその入口に立ってみましょう。そして、建物の中に歩いて入ってみます。学校だったらどこか特定の部屋に入ります。例えば、1年1組の教室に入ってみます。そして、座席のうち最前列で一番窓側の席の机に、responsibilityという単語が書かれている紙を貼り付けてみましょう。さらに椅子には責任と書かれた紙も貼っておきます。このようにして、responsibilityという単語と責任という意味が、場所の情報を介して結びつくのです。

このような方法をいちいち取ると、記憶する手順が少し面倒に思えるでしょうが、普通の覚え方では忘れやすいことを思うと、このひと手間は有意義なものに違いありません。

こうして1年1組のとある席に responsibility を置いたら、他の席も別の英単語を置いていきましょう。そして仮に1年1組を、英単語を記憶する教室にしてしまいましょう。さらに、1年の教室全てを英語についての記憶スペースに割り当てます。2年の教室は数学と理科、3年には国語と社会、としても良いでしょう。他にもなじみのある建物があれば、そこを脳内の記憶スペースとしましょう。自宅も、通学路も、最寄りの駅も、どんどん脳内では記憶スペースにするのです。

そして、思い出すときには、どのあたりに記憶を置いたか、自宅から通学路を通って学校の入口に入り、建物の中を頭の中で探してみましょう。

頭の中の記憶スペースは、実在するものに限らず、例えば「マインクラフト」や「あつまれどうぶつの森」といったゲーム上の仮想空間でも、頭で再現できるものであれば大丈夫です。

場所の記憶は長持ちしますので、覚えにくいものも場所に関連付けてどんどん覚えていきましょう。そして、その場所を使って思い出す練習もしていきましょう。

③ 聞いたり見たりできる情報を活用する

受験勉強ではテスト対策をするわけですので、テスト問題を読んだり、教科書や参考書を読む上で、文章を理解する能力はとても大切です。文章を理解するためには、文章の情報を脳の言語野を通してさまざまな別の脳の領域、例えば計算、空間、思考、視覚、聴覚、触覚、といったはたらきの領域に伝えるという、手間を無意識のうちに取っています。

しかし、狩猟採集生活を送っていた頃の人類は、生活の中で文字は使っていませんでした。石器で壁や樹皮に印をつけて記録するくらいはしていたでしょうが、複雑な文章を記録して読解することはしていませんでした。ですから、文章を理解することは、ぼくたちの脳においてはかなりイレギュラー、つまり特殊なことで、相当なストレスが脳にかかっています。

一方、同じ文章を誰かが読んでいるのを耳で聞くと、読むよりも内容が分かりやすくなることが多くなります。それは、言葉というものがそもそも話し言葉で作られ、文字は言葉を記録するために後から生まれたものであるという事実からもうなずけます。音によるコミュニケーションは人類以外でもさまざまな動物が行っているくらいですから、ぼくたちが声で情報をやりとりすることは、文章を読むよりずっと頭に入っていきやすいのです。声では、内容に加えて、声色、抑揚、音量、間、スピード、といった読み方からも、内容の理解を助けてくれる情報が同時に入ってきますので、理解がしやすくなります。例えば、ニュースを新聞で読むのとラジオで聞くのとではどう違うかを想像すると良いでしょう。

さらには、そこに目に見える情報が加わるとどうでしょうか。文章を読む人の姿が見えると、声の情報に加えて、表情や仕草が見えるので、一層内容の理解が深まります。また、情報を伝えるのに役立つ写真やイラスト、動画などがあるとどうでしょうか？　例えるなら、ニュースをテレビで見ると、分かりやすくなりませんか？　アナウンサーの表情に加え、写真や中継動画、図表を同時に示してくれるので、内容がすぐに分かります。

このように、見たり聞いたりできる情報は、本来人類が備えている感覚に訴えかけてくれるので、学びにも大変役立ちます。アメリカの心理学者メラビアンによると、言語と聴覚と視覚の情報がヒトに与える比率は、7％、38％、55％なのだそうです。こうしたことからも、聴覚や視覚を勉強に活用しない手はありませんね。

それでは、見たり聞いたり出来る情報を受験勉強に役立てるには具体的にはどうしたらよいか、これからお話ししていきます。

まず、教科書や参考書の文章を読む際には、文章や文字がそもそも話し言葉の仮の形であると思ってください。つまり、頭の中で見たり聞いたりできる情報に置き換えるように想像してください。頭の中に話し手のイメージが必要でしたら、みなさんがお好みの実在の人物や、ドラマやマンガの登場人物に話させてください。数学の問題だったら、みなさんが好きな数学の先生やよくできるクラスメートでもいいですし、物知りなマンガの登場人物として、ドラえもんの出木杉君やちびまる子ちゃんの長山君もいいでしょう。彼らに問題を読ませて、解説させてください。そしてグラフや表や線分図や図形といった情報が使えそうなら、理解や解答作成に役立ちますので、積極的に使ってください。

英語や国語の小説文や論説文で、家族や友人の会話があれば、登場人物が豊富でおなじみのマンガのキャラクターに置き換えて想像すると、分かりやすいでしょう。サザエさん、ドラえもん、ちびまる子ちゃんなどに出てくる登場人物がお勧めです。話し手の顔を設定することで、頭の中で明確にイメージが湧きますので、内容の理解が進みます。

社会では歴史や政治経済などで、登場人物や国や立場が出てきたときも、キャラクターへの置き換えはとても有効です。国同士に紛争があった歴史を学ぶときも、国のトップをキャラクター化して互いの言い分を言わせると、より直感的に内容が分かる上に楽しんで学べることは間違いありません。

ところで、見た目の情報と言葉の情報は、脳の中で、覚えたり処理する場所が異なります。秒の記憶を司る海馬も、右の海馬が視覚性の記憶、左の海馬が言語性の記憶に関わります。また大脳も右脳が平面や立体の認識や手順の判断をする一方、左脳が言葉や論理、計算を行います。したがって、文章に見た目の情報を組み合わせると、右脳と左脳の両方を同時にはたらかせますので、理解が深まりやすいのです。

こうした、文章の理解に見たり聞いたりする情報を加えるひと手間は、面倒で非効率に思えるかもしれません。しかし着実に理解し長く記憶できて思い出しやすい方法ですので、みなさんもそれぞれの工夫を加えながら活用してみてください。

4章　脳のつながりを強くする

① 脳は忘れっぽい

これまで、脳は場所によって役割分担をしていることや、こうした分担した役割を合わせて使っていこうと意識しながら学ぶと、それぞれの場所同士が上手くつながって、理解しやすかったり記憶を長くとどめやすかったりする、というお話をしました。

ここでは、脳がつながる部分についてお話しをして、脳のつながり方が強くなったり、良い答えが出せるつながり方にするにはどうしたらいいか、といったことについても踏み込んでいきます。

みなさん、覚えたことやできるようになったことも、思い出したりやらなかったりすると、だんだん忘れていったりできなくなったりってこと、ありませんか？ぼくなんかしょっちゅうです。インターネットでパスワードを設定しようとしたら、最近はセキュリティが強化されていろんな種類の文字を入力するように求められます。そんなときはいつものパスワードとは異なるパスワードを設定します。

そのときは新しいパスワードもしっかり覚えます。そして何回かは上手くいくんです。しかししばらくするとそのインターネットのサイトに用がなくなってアクセスしなくなります。その後数ヶ月経って、久しぶりにアクセスしようとしたら、すっかりパスワードを忘れてしまっていて、結局本人確認をして再設定しなくてはならなくなります。

では一体、どうしてこういうことが起きるのでしょうか？　それはやはり、記憶は直接にはコントロールできないからです。すでに、記憶には秒の記憶、日の記憶、月の記憶、といった種類に分けられるとお話ししました。出来事の記憶を直接、長く留めようとか忘れようといったコントロールをすることができない代わりに、覚えておきたい出来事には脳のいろんな役割の領域をはたらかせるなどして秒の記憶が月の記憶に移ってくれるように、記憶の条件をそろえて、あとは期待して待つだけ、ということになります。

かつてどのくらい時間が経つとヒトはどれほど忘れるのかを調べた学者がいました。19世紀の心理学者エビングハウスは、無意味な文字列を記憶できている割合と時間との関係を調べました。すると、20分後には58％、1時間後で44％、1

日後で34％、1ヶ月後で21％との結果でした。時間が経つにつれてだんだんヒトは忘れていく、ということが数字で示されたのでずいぶん説得力があって、現代でもよく引用されています。

ぼくたちが自覚しておかないといけないのは、ヒトは必ず忘れる、ということなんです。このことは、ヒトの欠点のように思えるので、忘れるなんて認めたくないという気持ちになりがちです。ヒトは覚えるべきことは覚えておかなくてはならず、忘れるなんてもってのほかだ、忘れるなんて不注意や怠けている証拠だ、という風に思っていませんか？

しかし、そうではありません。脳は、ほとんどの出来事を秒の記憶に留めて極力覚えないようにしていて、条件のそろったものだけを日の記憶としており、月の記憶にまで保つものは特別な出来事に限っているのです。忘れるのが普通であって、覚えていることが特別なわけです。

忘れることが普通であることには理由があります。それは、覚えておくことが脳にとって大変だからです。そもそも脳は人体の中で2％ほどの重さに過ぎませんが、取り入れた酸素や栄養の20％ほどを消費する臓器です。そして、そのほとんどを、脳の細胞が生き続けるために細胞膜の内側が外側と異なるイオンバランスに保つことだけに使っています。ところで、脳は酸素や栄養を蓄えておくのが苦手です。つまり脳は維持するだけで精一杯で栄養を無駄遣いしたくないわけです。加えて、脳の神経細胞は、生まれてから死ぬまで、海馬の一部を除いて、数は増えずに減っていく一方なのです。だから、新たなことを覚える、という酸素や栄養に特別な負担をかけることはあまりしたくない臓器といえます。

だからみなさんも何かを忘れてしまっても、必要以上に自分や他人を責めるのはこれからはやめてください。脳は、忘れるのですから。

それでもみなさんは、受験勉強で折角学んだことは、できれば忘れたくありませんよね。勉強しても片っ端から忘れていくとあっては、まるで穴の開いたバケツに水を注ぐような気がしてやる気が出ませんよね。それでは、次に、どうすれば記憶を留めておけるか、ということについてお話しします。

②つながりを強くして覚えておく

海馬は秒の記憶を司っています。そして海馬が出来事の情報を一旦集めて、出来事を一時的で簡易的に神経のつながりを作っておきます。こうした記憶で作られる神経の構成を、エングラムと呼びます。このエングラムと、次の瞬間にやってきた出来事の情報を比べることで、出来事が連続して移りゆくことを認識できるんだろう、とぼくは思います。このあたりはまだまだ解明されていない分野です。

ところで脳をコンピュータに例えることがよくあります。コンピュータが情報を処理するには、CPU（中央演算処理装置）、メモリ、ハードディスク、という三要素が必要です。その中で、海馬に例えられるのがメモリです。メモリは、コンピュータがCPUで情報を処理するために、ハードディスクにあるデータやソフトを使います。その際、実際に作業が行われる場所はメモリです。メモリはデータを一時的に覚えておいて、データを保存するとハードディスクに蓄えられます。

ちなみに、CPUは脳でいうと大脳皮質の前頭前野で、ハードディスクは大脳全体であるとぼくは思います。

海馬のエングラムで作られた秒の記憶を、大脳で日の記憶、月の記憶にかえるために、大脳につながりを持たせる、というところまでお話ししました。

つぎに、大脳で持たせたつながりを、いつまでも長持ちさせるには、どうしたらよいか、ということが必要となります。ヒントは、最近の人工知能、つまりAIにあります。

❸ AIから学ぶ脳のはたらき

最近、このAIという言葉をよく耳にするようになりました。実は1950年代から、AIについては開発が始まっていました。コンピュータに、人間の知能を再現させようと、さまざまな工夫がなされてきました。1980年代になると、コンピュータにたくさんのデータを解析させてその中で規則性を見つけ出し、未来を予測させようとする機械学習という分野が発展してきました。さらに最近の2010年代からは、簡易的なプログラムをヒトの神経細胞（ニューロン）のように縦にも横にも何層もつながりを持たせて解析する、深層学習という手法が発達してきました。この簡易的なプログラムのことを、仮想ニューロンと呼びます。深層学習では、最初は出した答えが間違っていても、正解との差を埋めるために、個々のプログラムを自動的に微調整させます。このように、答えては調整する、ということを何度も繰り返してプログラム全体が成長すると、最終的には何度答えても正しい答えを導き出すことができるようになっていくのです。

こうして発展じたAIは、身近なところではスマートフォンで指紋や顔を認識してロックを解除する生体認証でなじみがあります。また将棋や碁でも、AIがプロ棋士をしのぐ実力を持つようにもなりました。AIがさまざまな分野で人間の叡智を超える可能性も議論されていて、その時を指す技術的特異点（シンギュラリティ）はもう近い未来にやってくるのではないか、とも考えられています。

そう考えると、受験勉強しているみなさんも、将来はいろんな仕事がAIに取って代わられるんじゃないか、とか、受験でもAIに負けるんじゃないか、と腰が引ける思いになってしまうかもしれません。しかし、ＡＩはまだまだいろんな点でぼくたちヒトの脳には敵いませんし、逆にぼくたちがＡＩに学ぶこともあります。なぜなら、ＡＩの仕組みは、ぼくたちヒトの脳をモデルに作られているからです。だから逆にＡＩを学ぶと、ぼくたちの脳のより良い使い方も分かってきます。

④ヒトの脳は「天然」の知能

ぼくたちヒトの大脳は、神経細胞（ニューロン）が２００億個ほど存在していて、その一つひとつが、自力で電気を発生させ、他の神経細胞につながって、電気信号を伝えます。神経細胞が電気を発生させることを興奮といいます。そして他の神経に伝えることを興奮の伝達といいます。また神経細胞、つまりニューロン同士のつながりのことを、シナプスといいます。

ニューロンは、別の神経細胞から興奮の伝達を受けると、伝達を受けたニューロンの興奮が促されることもあれば、興奮が静まることもあります。神経細胞が中くらいに興奮する、ということはなく、興奮するか、興奮しないか、二つに一つです。

こうした神経細胞は、大脳の表面に敷き詰められています。さらに、神経細胞は6層構造になっていて、深いところから神経細胞に興奮が伝達されると、だんだん浅い層に向けて、興奮を伝えて、さらに折り返してまた深い層に向けて興奮が伝わってきます。中間層では、左右の神経細胞に興奮を伝達する神経線維が広がります。そしてさらに深いところを通って、別の脳回や、脳の外に向けて興奮を伝えます。

少し難しい話をしましたが、現代発達したＡＩの仕組みは、この大脳の層構造を参考にして作られたのです。ＡＩの能力は確かに素晴らしいのですが、元祖はぼくたちヒトの脳です。だから、ＡＩが素晴らしいのであれば、ぼくたちヒトの脳は、もっと素晴らしいのですよ。ＡＩが人工知能なら、ぼくたちは「天然」の素晴らしい知能を持っているのです！

⑤ 脳のつながりを強くするために

大脳が層構造の神経細胞をたくさん持っていることをお伝えしました。そして、この構造は、ＡＩのプログラムでも真似されています。

ＡＩが判断基準を作るために必要なことは、問題を入力して、ＡＩがとりあえず判定して、答えを出力させる、という一連の流れです。例えば、花の写真をＡＩが判定して、品種を選択肢から選んで答える場合、花の写真が入力で、品種の答えが出力となります。

ＡＩが判定できるようにするためには、まず、すでに答えが分かっている情報について、答えを教えないまま問題を入力して、答えを出力させるところから始まります。答えが分かっているのに、それを教えずにとりあえず答えさせるので、何か意地悪のように思えるかもしれません。そして、出力された答えを、答え合わせします。

そこでＡＩが出した答えと正答との差を見つけて、その差を埋めるために、最適と思われるプログラムの調整を自動で行います。調整では、仮想ニューロン同士のつながり方において、仮想ニューロンの入力の値を偏らせるために足す「バイアス」や掛け合わせる「重み」などの値を修正することで、興奮のしやすさを調整します。これを、全ての仮想ニューロン同士のつながりで行いますので、次に問題が入力されたときのＡＩ全体が出力する答えも、１回目とは変わってきます。２回目に得られた答えと正答を再び比較して、正解ならば調整されず、不正解なら再び仮想ニューロンのつながりが同様に調整されます。

ＡＩの説明が長くなりましたが、ぼくたちヒトも、この仕組みから学んで、受験勉強で効果的な学びをすることができます。今回ぼくがこの本で一番みなさんにお勧めしたいことが、次から述べることなんです。

みなさんも、受験勉強を始める際は、とりあえず問題を解くことから始めるのが良いでしょう。受験勉強の始めの頃だと、まだ十分に内容を理解したり把握できてはいないでしょうから、どうせ問題を解いても間違えるだけで、嫌だ、と思う方もみなさんの中にはいるかもしれません。もちろん分かっています。でも間違えても良いのです。むしろ間違えた方が良いのです。さらにいうと、間違えるような問題を解くことの方が、初めから正答を得られる問題を解くより価値があるのです。

みなさんがまず問題を解く際は、少し難しいと感じても、しっかり考えて、その考えに基づく何らかの答えを必ず出してください。

難しいと思う問題を解く際に、つい投げやりになってしまうことはありませんか？　数学や理科の文章題なら白紙のままで降参したり、英語の和訳や英作文で解答文を未完成のままにしたり、選択肢問題では考えなしに答えを選んでしまったり、などは、やってしまいがちですね。しかし、これではその後の学びが進まないので、なげやりになって適当な答えを書かないように気を付けてください。脳が今の状態で、どの程度の答えを出せるか、ということを、脳自体がしっかり認識して、現時点の脳が出した答えと正答がどれほど離れているかを確認する必要があるためです。そして、答え合わせをする際には、問題集なら解説文を読んだり、必要なら教科書や参考書をひもといて、丁寧に正答を導く手順を学んでいきます。正答を導く手順を学んだら、また同じ問題を解いてみます。

この過程は、４つの手順から成り立っています。それは、

①問題を解く
②答え合わせをする
③間違い直しをする
④解き直しをする

ということです。

次の章では、この手順の具体的な方法や大切さを学んでいきます。

5章　受験勉強は解き直しが9割

①テスト直しには3つある

みなさんはテストを受けるにあたって、先生から、テスト直しは大事ですよ、とアドバイスされたことが、一度はあるのではないですか？　テストで満点が取れていなければ、どこかに間違えた箇所があって、そこを直すには自分の失敗にまっすぐ向き合わなくてはならないので、多かれ少なかれ、あまり気持ちの良いものではありませんね。一方で、そもそもテスト直しって、なんでしょうか？テストに関わる「直し」には、見直し、間違い直し、解き直しの3つがあります。そしてそれぞれが大切で、それぞれの意味も異なります。

見直しは、テスト中に自分が間違った答えをしていないかどうかを確認する作業のことをいいます。

間違い直しは、テストが終った際に、模範解答や教科書・参考書を使って、正答を核にします。その上で答え合わせをして自分の答えと正答を比べます。

解き直しは、間違い直しで分かった正答を導く手順を使って、もう一度間違えた問題を解いてみることをいいます。

それでは、この3つのテスト直しについて、それぞれ詳しく解説していきましょう。

②テストの見直し

テスト中に、時間が余れば、見直しをしなさい、とよくいわれます。では、なぜ見直しをしないといけないのでしょうか。

ぼくたち人間は、できるだけ正しい判断をしようとして脳がはたらいています。しかし時々間違いが起こってしまいます。そこが人間らしさでもあるのかもしれませんが、テストではできるだけそういった間違いを減らしたいものです。

人間が起こす間違いをヒューマンエラーといいます。一川誠氏『ヒューマンエラーの心理学』（筑摩書房）によると、ヒューマンエラーが起きる原因は、ぼくたち人間の脳の能力には限界があるためです。そして、ぼくたち人間が下す判断は思い込みなどによって、気持ちに負担が少ない楽な答えを出す傾向があり、このことを認知バイアスといいます。日常生活では認知バイアスによって偏った判断をそのままにしてしまうと、車が来ないだろうと思い込んで交通事故に巻き込まれたり、自分だけは大丈夫と思い込んで災害に巻き込まれてしまうことがあります。

テストでも同じように、もしも自分は簡単なミスはしないだろうと思い込んでいると、些細な計算ミスやスペルミス、マークミスなどのうっかりミスに気づくことができません。ところで見直しをする心構えとして「自分はダメな人間だから見直しが必要なんだ」、と自分を責めるように思ってしまうと自信を損ないますので、難しい問題を解こうとする気持ちまでくじかせてしまいます。それより「自分は十分頑張って答えを出した。日頃の勉強の成果も発揮できた。あとは、人間は誰でも間違うのだから、丁寧に点検する意味で見直しをしよう。間違いが見つかればもうけものだ」というくらいの気持ちで見直せば、よい見直しができるでしょう。

こうしたテストの見直しは、テスト中だけではなくて、普段の受験勉強で問題を解くときにもやっておきましょう。そうすることで、テストの見直しをする練習にもなります。練習でできないことは本番でもできない、とよくいわれます。昭和の大横綱である双葉山は、「稽古は本場所のごとく、本場所は稽古のごとし」という名言を残しています。テストで見直しを行う習慣ができるようなればよいですが、こうした習慣を身に付けるにはどうすればよいのでしょうか。スティーヴン・ガイズ著『小さな習慣』（ダイヤモンド社）には、習慣を身に付けるには、身に付けるべき習慣を小分けにした「小さな習慣」を少しずつ積み重ねれば、何も考えずに行動が習慣化されることが述べられています。ぜひ日頃から少しずつ、見直し習慣を取り入れていきましょう。

③ テストの間違い直し

続いて、テストを終えた後に行う間違い直しについてお話しします。ここでいうテストは、学校の定期テスト、塾や予備校のテスト、過去問集、問題集、といった、問題を解くことを想定しています。

テストを終えたらできるだけ早い時期に、まずは答え合わせを行います。定期テストだとテスト期間が終わった直後、塾や予備校のテストであれば、テストを終えて帰宅したらすぐに、自分で過去問集や問題集を解いた後は、その直後に行うのがよいでしょう。

みなさんの中には、終えたテストを自己採点することにためらいがある方もいるかもしれません。例えばテストを終えたばかりで疲れているとか、テストで自分が間違えたことに気付かされるのがいやだとか、間違いを直したところでテストの点が上がるわけでもないから気が進まないとか、こうした理由で腰が引けてしまいがちになるのも分かります。

それでもテストを受けた後になるべく早く答え合わせをすることは、みなさんにとって、大きなメリットがあります。

前にお話ししたように、記憶は時間がたつとだんだん薄れていきます。テストで間違い直しをする際、自分がどのような答えを出したか、そしてどういう風に考えたか、といった内容を覚えているうちに間違い直しをしておきたいものです。

その理由は、間違い直しは、単に間違えた「答えを直す」のではなく、間違えた「答えの導き方を直す」ことだからです。答えの導き方を覚えているうちに間違い直しの作業をしないと、答えの導き方を直すことができないので、テストの後のできるだけ早い時期に行う必要があるのです。

ところで、受験勉強の時期に受けるテストは、そのテストの結果が気になり、結果によって一喜一憂してしまいがちです。しかし実はこの時期のテストは、定期テストであっても模擬試験であっても、さらには自分で解く過去問集や問題集であっても、テストを受けること自体より、この間違い直しの作業が、はるかに大事になります。なぜなら、テストの結果が重要なのは本番のテストだけで、他のテストは全て受験勉強の一環だからです。こういったテストの一つひとつが、みなさんの実力を上げるための機会であるべきです。だって、せっかく大変な思いをして受けるんです。テスト結果が分かるだけではもったいないじゃありませんか。テストは実力を向上させるまたとない機会です。そして受けたテストを実力向上の機会とさせるのが、この間違い直しなのです。

間違い直しでは、自分が間違えた問題について、なぜ間違えたか、という理由を掘り下げます。模範解答に解法が載っていれば、自分の解法とどこが違うかを比べます。なにか簡単な勘違いをしているのであれば、それを把握して、次には間違えないように覚えておきます。もし模範解答を読んでもその内容が分からないようであれば、受験参考書などの解説を読んで、模範解法と自分の解法とのギャップをしっかり埋めて、次は自分で正答が導けるようにしておきましょう。

こうした作業は時には時間がかかるので、間違いがたくさんある場合は、テスト時間を遙かに超える時間が間違い直しに必要となることもしばしばあります。それでもくじけてはいけませんよ。間違い直しでしっかり答えの導き方をつかむことができれば、飛躍的に実力が向上します。テストに問われるところは、受験本番でも問われるかも知れません。

そしてこうやって弱点が一つひとつ克服できていくのです。さながら、たとえ歩みが遅くとも自分の歩いた道程を振り返ると、草の根一本残らない、太くて大きな道ができている、というイメージを持ってみましょう。高村光太郎の詩『道程』の世界観です。受験勉強を、目標に向かって道を切り開きながら進んでいくと例える比喩です。こうしたイメージを連想する際も、右脳と左脳の両方でさまざまな領域の脳を活性化させ、学びに良い意識が持てます。みなさんも自分なりのイメージを受験勉強に持ってみましょう。

④ テストの解き直し

テストの見直し、間違い直し、に続いていよいよ解き直しのお話しです。間違い直しについて、先ほどかなり熱く語りました。間違い直しがとても大切なのは本当です。しかし、間違い直し以上に大切になってくるのが、この解き直しです。

みなさんの中で、この解き直しが先ほどの間違い直しとどう違うのか、区別が付かない方もいるかもしれません。実際にこの2つの言葉を区別せずに使っている人たちも少なくないと思います。その場合は、解き直しをしている、といっても実は間違い直ししかできていないことになります。

しかし解き直しをせず間違い直しまでしか行わないと、十分な成果を上げることができません。むしろ、せっかく間違い直しをしても解き直しをしないと、頑張って間違い直しをしたことまでもおおむね無駄になってしまいかねません。それでは、そんな解き直しについてお話ししていきます。

解き直しは、必ず間違い直しをした後に行います。そしてしっかり間違い直しをしたら、その後は、みなさんもう間違い直しをしたテストについてはすっかり頭に入った気持ちが強いでしょうし、記憶に新しいと思えるでしょう。

しかし間違い直しをしたからといって、テストで間違えた問題が解けるようになっているとは限らない、と思ってください。みなさんの間違い直しの取り組みを疑っているのではありません。そもそもぼくたちヒトの脳は、間違い直しをしただけでは、問題が解けるようになるとは限らないような仕組みになっているのです。

前にＡＩについて、ＡＩが問題を解いて、答え合わせをして、間違いがあればシナプスの調整を行う、というお話しをしました。そして、このシナプスの調整が適切なものかどうか、もう一度問題を解き直して、本当に解けるようになったか答え合わせで確認して、また間違えたらシナプスの再調整を行う、という作業を何度も繰り返すことで、ようやく脳は適切な答えを出しやすい回路ができあがるという理論です。

ＡＩはヒトの脳を真似して作られていて、ヒトの脳も、間違い直しをした時点で、シナプスの調整を行っています。だからもし、その調整が適切であるかどうかの解き直しをせずに、解けるようになったかの確認を怠ってしまうと、間違い直しを経て本当に問題が解けるようになったかどうかは分からないし、まだ解けるようになっていない可能性も大いにあるのです。

試しにみなさんも、間違い直しをしたら実際に解き直しも行ってみてください。意外にも解き直しした問題の全てで正解するのが難しいことを知ることになると思います。そもそも間違えた問題は、自分が苦手な問題であって、自分なりに間違い直しをしても自力で正答に導ける力がすぐに身に付くことの方が難しいのです。しかし、受験に必要なことは、問題が解けたかの結果であって、どれだけ勉強してきたかという過程ではありません。解き直しが大切だ、と納得した上で、しっかり解き直しを行ってくださいね。

5 解き直しを繰り返す

ぼくが大学で教えている学生さんたちに、実際に間違い直しや解き直しをしてもらったことがありました。学生さんたちには、数十問の多肢選択問題のテストを受けた後、間違い直しをしてもらい、その後にテストを解き直してもらいました。するとほとんどの学生さんは満点を取ることができませんでした。大抵は、点数の上がり方はせいぜい間違いが半分に減る程度に留まります。

例えば50問のテストで、1回目に20問正解だった場合、間違い直しと解き直しの後に2回目を正解できるのは35問前後となります。そして3回目では42問くらいとなります。ただ3回目では満点を取る学生さんも出てきます。これは、自分が解決すべき課題があと少しになってくると集中的に取り組めるので、スコアがジャンプするように伸びるのです。まるで散らかった部屋の掃除で、初めは効率が悪いものの、あと少しで片付きそうになると、尻上がりに手際よく片付くことができるのに似ています。このことを心理学で目標勾配といいます。

このように、解き直しは一度では足りないということは、ぼくも実感しています。

医師になった後、ケアマネジャー（介護支援専門員）という資格を取るために受験勉強をしたことがありました。介護保険はぼくが医師になった後にできた制度で、脳の病気になった患者さんたちが介護保険を利用することが多かったため、ぼく自身が制度に詳しくなりたいと思ったからです。合格率は20％ほどとされ、医師でも決して合格は簡単ではなく勉強時間も３～６ヶ月必要とされています。

ぼくは医師の仕事が忙しかったので２週間しか勉強できなかったため、学習教材を過去問集に絞ることにしました。その際、問題を解いてみて、間違えた問題の間違い直しをしました。その後、軽い気持ちで解き直しを行ってみました。解き直しの際、ぼくはすらすら解けたので、きっと全部正解するだろうと思っていました。

しかし、解き直しの答え合わせで、１回目に間違えた問題のおよそ半分くらいしか正解できていないことが分かりました。

その後、過去問集が全て正解できるまで、間違えた問題だけに絞って解き直しを何度も繰り返し、いくつかの問題は5～6回の解き直しをしました。この時気づいたのは、間違えた問題はそもそも自分が苦手な問題で、そこを理解することは大変で、決して簡単ではない、ということでした。

振り返ると、ケアマネジャー試験の受験勉強で、ぼくはAIが行っているような深層学習を行っていたんだと思います。間違い直しと解き直しを繰り返し、自分の脳のネットワークが正しい答えを導けるように、神経線維の発芽やシナプスを減らす刈り込みなどシナプスの調整が行われていたはずです。

以前は、脳の学習に関する考え方で、記憶チップのように、何かを記憶する度に脳の記憶容量を消費していく、という概念がありました。しかし最近は、ネットワーク全体で答えを導けるようにネットワークを鍛えていく、という考えに変わってきています。特に、記憶を再生するだけでなく、何かを判断する課題には、ネットワークの活動が大切になってきます。そのためには、ネットワークを繰り返し使って、調整を行えるように、受験勉強では間違い直しと解き直しを繰り返しましょう。

受験勉強の合格者体験記をたくさん読んでみて、たくさんの合格者の学習方法に、ある共通点を見つけました。それは、問題集や参考書を、あれこれいろんな種類に手を拡げるのではなく、同じものを何度も繰り返すということでした。例えば、『私の医学部合格作戦2022年版』（エール出版社）によると、医学部合格者がそれぞれ「同じテキストを何周も繰り返しこなすほうが力がつく」（鳥取大学医学部合格者）、「一週間後にできた問題も含めて全ての問題を解き直しました。再び間違えた問題は時間ができたときに三回目、四回目と解き直していきました。」（横浜市立大学医学部合格者）、「基本的にこの問題集の全体を二周しました。間違えた問題は印をつけていたので、印のついている問題をさらに二周程度行いました。これを行うことで確実に問題を解く能力を養うことができたと思います。」（順天堂大学医学部合格者）など、異口同音に、繰り返し解き直す大切さを説いています。ぜひみなさんも、課題を絞って繰り返し解き直していきましょう。

6章　勉強の準備をしよう

①受験勉強に必要なもの

受験勉強を始めようと思ったら、まず何から始めたらよいでしょうか？　早速勉強を始めましょうか。何か参考書を買いに書店に行きましょうか。それとも、予備校を見学しに行きますか？

受験は、人生において大きなイベントです。受験生にも毎日学校や部活があったり、塾や予備校に通って、家でも日々の生活を営みます。しかし受験は日々の生活とは別に長期計画のスケジュールを立てて、受験の長期計画と日々の生活を並行させることが必要となります。こうして、受験に向けて取り組むべき長期間の行程を、プロジェクトといいます。そしてこうしたプロジェクトを計画して実行することを、プロジェクトマネジメントと呼んでいます。

プロジェクトマネジメントでは、ゴールにたどり着くために何ヶ月や何年にもわたって、その時々で自分が行うべきことがらを計画して、行います。これらを行う脳のはたらきは、脳科学では、遂行《すいこう》機能といいます。遂行機能は脳では前頭葉の前頭前野という、おでこの奥で行われます。

こうしたプロジェクトを計画する場合は、計画自体に時間がかかりますが、数日は用意してみましょう。受験勉強で計画を立てることの大切さは、登山の計画に似ています。予め計画を立てた上で実行しないと行き当たりばったりで、受験も登山も上手くいきません。ましてや無計画でとりあえず始めてみよう、となれば、間違った方向に進んでしまいかねません。地図やコンパスがないと迷ってしまうし、食糧不足だとお腹がすいて力が出ません。雨具を忘れてしまうと天候不良に対応できませんし、スケジュールがふさわしくないと、予定通りに下山できなくなります。

受験勉強を登山にイメージしてみましょう。登山では出発地点から山頂への道のりを予め地図で確かめますね。ここでは分かりやすくするために、下山の道のりは割愛します。そして、休憩する途中の地点も計画しておきます。また、日程も決めておきます。いつ出発して、いつ登頂するかも目途を立てておきます。さらに登山に必要な服装や持参するものといった装備についても準備をおこたってはいけません。さらには、こうした登山を一人で行うか、仲間と登るか、はたまた登山ガイドにお願いして付き添ってもらうかも考えますね。

受験勉強では、こうした登山の準備をどのように置き換えましょうか。出発地は現在の学力で、山頂は受験合格ですよね。そして、中継点は模擬試験で予定する成績と置き換えられます。そして装備は、文房具と勉強部屋や学習机など勉強場所の環境でしょう。さらに同伴者の有無は、独学か、仲間との勉強か、アドバイザーの存在といったところでしょう。

受験勉強でも、登山のように、しっかりと無理なく山頂に到達できるスケジュールを立てて、準備万端に装備をそろえて、着実に合格できるような、準備からはじめませんか？

② スケジュールを立てる

何事も、全く時間を費やさなければ、何の成果は得られません。ですから時間は間違いなく成果を得るためにとっても必要なものといえます。ですから、１日の中で勉強時間をできるだけ増やせば多くを学べるし、1年の中で勉強する期間を最大にすれば、成績も伸びやすくなります。ただ人間はできるだけ無駄な労力は費やしたくありませんし、取り組むことがどれだけ成果につながるかを予めできるだけ確実に知っておきたいものです。

したがってみなさんの受験勉強のスケジュールについて、これから1日の計画と1年間の計画の両方を、根拠に基づいて立てていきたいと思います。1日のスケジュールは取り組む内容によって変わってくるため、まずは年間スケジュールから立てていきましょう。

③ 長期計画を立てる

登山の計画では、いつ出発地点を出発し、いつどのように道のりを歩んで、いつ山頂にたどり着くか、という予定を立てます。これを受験勉強で置き換えつつ、長期計画を立てましょう。

出発地点、道のり、山頂の３つのうち、どれから考慮しましょうか。ぼくの考えでは、はじめに、山頂から決めます。いつゴールにたどり着くか、ということを中心に考えます。

次に、出発地点を確認します。いつどこから出発するかを把握します。そして最後に、この出発地点と山頂を結ぶ道のりを、無理なく目標地点に到達できるように、地図を見ながら選びます。受験勉強の長期計画も、同じように立ててみましょうね。

まず山頂である受験合格から決めましょう。みなさんのうち、自信を持てない人は目標の試験に合格することとその日程を予め決める、ということが苦手かもしれません。例えば大学受験だと、大学が多数あるものだから、勉強した上で結果的に合格できそうな大学を志望校にいくつか決めて、そのどこかになんとなく合格することを望む方もいるでしょう。

しかし、登山を考えてみてください。なんとなく出発して適当に歩いていたら、なんとなく予定の日時に山頂に着いていた、なんていうことはまずありません。なんとなく歩いていたら大抵はルートから外れて遭難してしまうでしょう。登山がなんとなくでは危険なのと同様、受験もなんとなくでは上手くいきません。登山と同様にしっかりと目標を定めることに、ためらってはいけません。

④ゴールを定める

資格試験にしろ大学受験にしろ、みなさんが予定するゴールは一つだけに決めましょう。来年でもいいや、とか、第二志望でもいいか、などは一切考えず、第一志望のゴールを明確に定めてください。第一志望を目指して、結果として第二、第三志望に甘んじたとしてもそれはいいんです。しかし、計画段階では妥協してはいけません。なぜならば、ゴールがブレると、道のりも自ずとブレてしまい、遭難しかねないからです。

ゴールを定めるときはできるだけ具体的にします。大学受験なら第一志望の学校・学部・学科に絞ります。そして受験日程を日付・曜日・時間について設定します。すでに受験日が公表されているかはインターネットで大抵調べることができますし、可能なら電話で尋ねてみても良いでしょう。まだ公表されていない場合は、前年度の日程を調べて推測することができます。

続いてカレンダーに受験日を印します。スマホカレンダーに入力しておきましょう。加えて自分の部屋など目に付くところに、紙カレンダーを用意して貼っておくと良いでしょう。紙カレンダーは100円ショップなどで買っておくか、インターネットで無料のものをダウンロードすることで、あまりお金をかけずに用意できます。足りないところは、紙に手書きして自作してもさほど時間はかかりません。ぼくの場合は月めくりカレンダーをバラバラにして全て壁に並べて貼っています。こうしておくと時間という目に見えないものを可視化できます。見た目で残り期間が把握できることから、脳内で時間を把握する際は前頭前野などの時間情報処理領域で漠然と時間を認識するのですが、長い期間ほど扱いにくくなります。しかしカレンダーを貼っておくと視覚野で期間を形として認識することが可能となるので、時間認識処理のはたらきを補いやすくなります。

さて紙のカレンダーを用意できたら、今日の日付と受験日との間がどのくらいあるかを把握しやすくなります。いちいち日数を数えなくても期間が直感で分かります。

カレンダーに受験日と今日の日付に印をしたあとは、中継点を記載します。中継点は受験勉強では模擬試験になります。したがってカレンダーに模擬試験の予定を書き込んでいきます。模擬試験は塾や予備校に通っていれば年間予定は分かるでしょうし、インターネットでも知ることが出来ますから、その日程を書き込んでいきます。

5 模擬試験の予定を立てる

みなさんの中には、模擬試験を受けることは面倒で、今週末は休みと思ってたのに模試があったのを思い出してガッカリ、なんてことを思う人もいるかと思います。

ただ、模試は登山でいう中継点です。登山の中継点として例えば山小屋に泊まることをイメージしてみましょう。そして、山頂というゴールまでの道のりとスケジュールが順調であるかどうかを確認したり、装備を点検したり、可能なら休息を入れたり、といったことを中継点で行いますよね。

そして受験勉強でいう中継点は模擬試験といいました。模試は受験勉強中の現在値や課題を把握する意味で大切です。例えば河合塾だと、全統共通テスト模試4回（プレ共通テスト含む）と全統記述模試3回をカレンダーに記入しておきます。加えて志望校模試も何回か予定しておきましょう。およそ月1回くらいのペースで予定されていると学力の現在地点がこまめに確認できます。一方あまりに模試の回数が多すぎると、模試を受けた後に行う答え合わせや間違い直し、そして解き直しが十分にできず、消化不良を起こしてしまいますので気を付けましょう。

模試を受けたら、答え合わせと間違い直しをして、解き直しもできれば2回、少なくとも1回は行いたいものです。したがって模試の日とその後の2日間は、模試の勉強期間として予め確保して、カレンダーに書き込んでおきましょう。

模試の結果は返ってくるまで2〜4週間かかることが多いと思います。判定結果は気になりますが、模試の結果が帰ってくる頃には模試の解き直しが終わっているはずで、もはや模試を受けた時の自分は過去の自分です。つまり、模試による現在地点の把握には、自ずと時差が生じます。模試の結果は合否判定・偏差値・分野別解答率などからなりますが、本番ではないので、結果にとらわれて喜びすぎず落ち込みすぎず、まずは自分の学力の到達度を把握して、次に役立てる材料にして、前に向いて進んでください。

⑥ まず、過去問を解こう

登山では、現在地点の把握が遭難しないために大切になります。受験勉強の間は、繰り返し模試を受けて、解き直しによって学習の素材にしつつ、現在地点の確認に使います。

それでは、最初の出発地点の確認はどのようにすれば良いでしょうか？　それは、過去問を解くことです。もし過去問が手元になければ、すぐにでも手に入れましょう。

過去問は、志望校合格のために必要な情報としては、重要度が最大級のものとなります。みなさんの中には、過去問は十分出題範囲を勉強した後で解くものだ、と思っている人も多いのではないでしょうか。

ぼくもかつてはそう思っていました。しかし、和田秀樹先生の名著『大人のための勉強法』（ＰＨＰ研究所）に出会って、その考えが覆りました。和田先生は灘高校から東大医学部に進んだ後に精神科医となった方で、早くから定評のある和田式受験勉強法を提唱して受験勉強対策に取り組まれており、ぼくがこの本を書いている時点では国際医療福祉大学大学院の教授に就かれています。

この『大人のための勉強法』に出会ったのは、ぼくが30歳で脳神経外科専門医試験を受ける準備をしていた頃でした。まさに、「大人のための勉強法」を模索していたので、書店で見つけたときは小躍りして買いました。この本によると、まず過去問を通じて出題傾向と出題範囲をつかめば、何を勉強すれば良いかを把握できます。過去問を解いたり、一通り目を通せば、やるべき勉強を見出したり解答作成術を身に付けることができ、教科書は辞書代わりに使わなくても済む場合もあります。こうしたことは、大人の資格試験に留まらず、大学入試でも出題傾向を分析することが効率的だと述べられています。

さらに和田先生の続編『大人のための勉強法―パワーアップ編』（PHP研究所）も合わせて読みました。そこには、「赤本サンドイッチ法」が紹介されていました。高3の春などできるだけ早い時期に大学入試の過去問である赤本（教学社）を試せば、受験勉強の早い段階で課題が見つかります。その後は見つかった課題を何ヶ月も勉強します。そして再び赤本にチャレンジして、弱点のうち点が取れそうなところをさらに勉強し、合格最低点が取れるように勉強する方法です。

したがって、まず過去問を解いてみましょう。この受験勉強のはじめに解く過去問については、間違い直しや解き直しはまだ必要ありません。とりあえず解いてみて、たとえあまり問題が解けなくてもガッカリする必要はありません。あくまで現在地点を把握し、ゴールまでの道のりを確認するために解くのです。

ぼくも、この「赤本サンドイッチ法」の大人用である「過去問サンドイッチ法」を参考にして、脳神経外科専門医試験の受験勉強を効率的に行い、無事に合格できました。是非みなさんも、早い段階で過去問を解いてみましょう。

7章　最適な学習環境を作る

① 受験勉強に向く場所は家の中？ 外？

長期目標が立てられたら、いよいよ日々勉強に取り組んでいくことになります。そのためには、勉強に集中できる環境が整っていることが必要です。勉強に集中できる環境は、勉強しながら整えていくことにもなるかと思います。しかしまず初めに勉強し始める際に、ある程度の環境を設定すると弾みがつきますので、一緒に考えていきましょう。

はじめに、自宅に自分の部屋がある場合を想定して、勉強できる環境を整えます。そもそも、自宅とか自分の部屋って、何のための空間でしょうか？ みなさんの祖先が狩猟採集生活を送っていた頃、どんな家に住んでいたかに思いを巡らせながら、考えてみましょう。みなさんの祖先が日本で狩猟採集生活を送っていたのは、縄文時代前後であって、竪穴式住居に暮らしていたと考えられています。穴を広く掘って、その上に木で組んだ骨組みに藁ぶき屋根を覆います。そこでは家族は寄り添いあって食べたり寝たりしていました。仕事となる狩猟採集は外で行い、家では家庭生活を営みます。つまり、狩猟採集生活時代は、人は外では緊張し、家では緩和する、という気持ちのメリハリが1日の中でありました。

この1日の中での緊張と緩和は、今でもぼくたちに受け継がれています。家の外では集団で社会生活を送る上でも気を遣いますし、交通安全などで身を守る上でも安心しきってしまうことはできません。こうした緊張は、ずっと張り詰めていると心身の体調を損ねますので、安心できる環境である家に帰ったらその緊張を緩和させます。

こうした気持ちの上での緊張と緩和は、身体にも変化をもたらします。緊張しているときは自律神経の交感神経が活動して、無意識のうちに脳が冴えて、手足もよく動くようになる一方、食べたり飲んだりしても吸収が悪く、気持ちも休まりません。そして緩和しているときは、自律神経の副交感神経が無意識にはたらいて、食べたり飲んだりすると胃腸がよく働き、リラックスしますが頭はぼんやりして、手足もほぐれています。

つまり、家は古来からリラックスする場所であって、あまり学習には向きません。できれば自宅以外で緊張感を持って学んで、自宅では外の緊張を緩和させておくのが、脳科学的には理想的です。

② 家の外で勉強する

したがって、まずは家の外で勉強できる環境を整えていきましょう。みなさんだったら、家の外で勉強しなさい、といわれてどこで勉強しますか？　できるだけ挙げてみましょう。

まず学校ですよね。現役生なら高校、予備校通学の浪人生なら、予備校でしょう。みなさんは、自分の学校の中で勉強に集中できる場所を見つけることができますか？　定番は図書室でしょう。図書室を自習のために開放している学校は多いと思います。他にも、自習できる空間があれば、考えてみましょう。学校によっては、仕切りのある自習机を完備しているところもあります。こうしたところで一度も勉強したことがなければ、周囲の目が気になって、照れや恥ずかしさがあるかもしれません。噂になったらどうしよう、なんて思うかもしれません。その場合、無理をしてその場にいなくても構いません。ただ大抵は、人は自分自身に関心の99％を向けていますので、あまり人目を気にしないことが良いと思います。または、誰か友人に勉強友だちになってもらって、一緒に自習できる部屋に行きましょう。

③ 勉強仲間を作る

みなさんは、学校の授業中に静かに先生が話している最中、授業を妨げるように騒ぐクラスメイトがいたらどう思いますか？　なんか空気読めないなぁ、迷惑だなぁ、って思いませんか。こうした空気感は、脳のホルモンが関係しているようです。

教室や自習室で静かにしていないといけない、と感じるときは、周囲の人の気持ちを自然とくみ取っています。このとき人には、オキシトシンというホルモンが分泌されます。オキシトシンは脳が分泌するホルモンですが、もともとは、女性が赤ちゃんを育てるための母乳を出させる作用があるホルモンとして知られていました。加えてこのホルモンは人の絆に関係するなど、お互いの気持ちをくみ取ることをうながすような作用があることが分かってきました。最近は、人の気持ちをくみ取るのが苦手な自閉症の方への治療にオキシトシンを用いる研究が進められています。

オキシトシンは人の絆を作り、お互いが気持ちをくみ取るので、自習室でお互いに静かにしていられます。こうして自習室で感じる空気感をピアプレッシャーといいます。ピアは仲間という意味です。適度なピアプレッシャーがある学習環境は、お互いに勉強することを妨げないようにするだけでなくなんとなく同志のような気持ちになるのは、そこに絆が生まれるからです。こうして、勉強友だちを作ったり自習室で周りの人のピアプレッシャーを感じることができるような、受験勉強がはかどる環境を手に入れましょう。

もし経済的に余裕があれば有料の自習室を利用するのも良いでしょう。お店が許す範囲で自習できる喫茶店やファストフード店なども活用できるかもしれません。多少の話し声や騒がしさがある方が勉強がはかどる人もいて、この場合もある種のピアプレッシャーがかかって、だらけることなく勉強がはかどることがあります。

ピアプレッシャーの条件としては、共通した気持ちが必要です。だから、友だちだからといって、受験に興味がないような遊び友だちに勉強友だちになってもらおうとしても、無理だと思います。友だちとの関係性を大切にするためにも、どういった関わり方をするかは重要です。遊び友だちのことは尊重しつつ、別の勉強友だちを作る方が良いでしょう。

④ 自宅で勉強する

さて、自宅の外に環境を求めたり、友だちと一緒に勉強することについて、お話ししてきました。しかし、そうはいっても自宅で勉強しないわけにはいかない場合が出てきます。

大学受験生であれば成人に満たない人もいるでしょう。令和4年4月からは、成年年齢が18歳に引き下げられます。それでも夜遅くまで勉強して、学習時間を費やす必要があるからといって、遅くに出歩くことは、夜道の危険もあるので、あまりふさわしくはありません。なので夜遅くに勉強するなら、家の中で勉強することになります。そしてこの場合は一人で勉強することになります。

先ほど述べたように自宅は緊張を緩和する場所なので、無理をすると自律神経の機能が損なわれてしまう恐れがあるため、慎重かつ丁寧に行う必要があります。つまり、自宅で無理なく勉強するためには、それなりの環境作りが必要です。まずみなさんの部屋に学習机があれば、その机周りの環境を整えましょう。

自室で一人だとピアプレッシャーはなく、また本来リラックスする空間なので、少しでも集中を妨げるような状態は避けましょう。机周りだけは集中できて交感神経が高ぶる環境として、それ以外はリラックスできる副交感神経が働きやすい環境となるよう、区分けするのです。

集中を妨げるものの代表例が、目を引く趣味の置物やポスターでしょう。視覚情報は脳に強く刺激しますので、推しのアイドルやアニメのポスターやフィギュアなどがあればついつい思考がそちらに移ってしまいます。かといって、なにもこうしたお気に入りのものを捨てる必要はありません。机の前に座ったときに、視界に入らなければ良いのです。ですから、こうした置物やポスターの類いは、机に座っても見えないところ、例えば背中になるところなどに配置を変えましょう。ベッドで休むときだけ目に入るようにすればリラックスにも効果的です。

続いて、机の上が学習に適したように片付けていきましょう。本番のテストでは机の上には時計と筆記用具だけしか置くことが認められません。ですから練習である自宅での勉強でも、あまり余計なものを置かないようにしましょう。引き出しに、勉強に必要な筆記用具や時計などを入れたトレイを入れておいて、勉強のときにそのトレイを取り出して使えば、勉強にもすぐに取りかかれて意欲も損なわれにくく、また時間の無駄も減らせます。

こうした文房具トレイには、鉛筆やシャープペンシル、消しゴム、色鉛筆、シャープペンシルの替え芯などを入れておきましょう。鉛筆削りはまとめて丸くなった鉛筆を削るときにあればよいので、引き出しや本棚など、視界になくても構わないと思います。

みなさんの中には、机の上に本やノート、プリントなどが山積みしてあって、片付いていない方もいるかもしれません。こうした机の上に今あるものは、一旦すべて取っ払ってしまいましょう。そのために用意するものはただ一つ、段ボール箱です。段ボール箱はホームセンターで売られているものやスーパーマーケットなどでもらえたりするものをお使いください。机の上は、受験勉強をする者にとっては大切な作業場です。例えるなら、外科医にとっての手術台であり、料理人にとっての厨房、指揮者にとっての指揮台、パイロットにとってのコクピットに相当します。こうしたところに推しのポスターがあるわけはありませんよね。ちなみにこうして勉強机を他の職種の作業場に例えるのも、内側前頭前野など比喩に用いられる領域がはたらいています。みなさんも自分なりに勉強机を何かに例えてみてはいかがでしょうか。

話を戻しますが、このように勉強机の大切さを例えたりしているとなんか意識高い系と思われることは嫌だなぁ、などとためらう方もいるかもしれません。しかし自分の部屋ですから人に見せるものでもないし、実際にこれからは意識を高めて勉強していきますよね。ですから、勉強机はいつでもすぐに勉強に取りかかれるように、無駄なものを取り除いてきれいにしておきましょう。

ところで、どうしても一人の部屋でピアプレッシャーを感じながら勉強したいなら、そのように勉強に取り組める良い方法があります。それはバーチャル自習室です。パソコンやスマホで、ＺｏｏｍなどのＷｅｂ会議サービスを用いて勉強友だちとつながれば、見られているかもしれないということを意識しながら勉強することができます。こうした取り組みは、最近流行っているようですので、みなさんも参考にしてみてください。

⑤ 学習教材を用意する

ここからは学習教材をそろえるお話しをしていきます。どういう参考書や問題集を使えばいいか、ということを中心にお伝えします。

時々、受験勉強は教科書を読めば大丈夫、という話を耳にします。教科書に出題範囲が全てカバーされているので教科書だけでいいんですよ、というお話しです。みなさんも聞いたことはありませんか？　ぼくは何度も聞きました。この教科書原理主義的な考えについて、ぼくの考えは極めて否定的です。つまり、教科書だけでいいなんてありえないよ、という意見です。

なぜなら、教科書と、参考書や問題集は、全く目的が異なるからです。教科書は、文部科学省が定めた学習指導要領に沿っているかどうかの検定を受けて、授業で用いても良いとされた教材です。基礎的なことがカバーされているので、学び初めには役に立ちます。用いられている言葉も偏ってはいないので、自分で予習する際も難しくありません。苦手なところを学び直すのにも役立ちます。しかし教科書は、そもそも試験問題を解けるように作られているものではありませんので、どこか物足りなさを感じます。

そこで必要となってくるのは参考書になります。参考書には、教科書を解説した参考書で教科書ガイドと呼ばれているものと、受験レベルの内容をカバーした受験用参考書があります。

教科書ガイドは、教科書の内容を更に分かりやすく解説する書籍で、書店やインターネットで購入することができます。学校の授業で学ぶことを補ってくれるので、授業の予習復習や定期試験対策に役立ちます。学校の学習がこうして効率よくなると受験勉強に費やせる時間も増やせますから、現役生は是非そろえておくと良いでしょう。

一方、受験用参考書は、各教科でたくさんの種類が出回っています。さらに毎年新しい参考書が出版されています。やはり新しい参考書がいいのでしょうか？そして、表紙が素敵で、中もカラフルで、好みに合ったものがベストなのでしょうか？

受験用参考書の選び方は、このどれでもありません。答えは、自分で決めてはいけない、です。

受験用参考書や問題集は、定評のあるものを選んでください。数多くの参考書や問題集がある中で、これはバイブルだ、といえるほどの名著があります。その参考書は大抵ロングセラーとなっていて、長年使い続けられている実績があります。そして、多くの受験生がその参考書を役立てて、合格を勝ち取っているのです。

このような、定評のある受験用参考書や問題集をどうやって選ぶかと言えば、志望する試験の合格者体験記を読むことです。例えばエール出版社さんからは、さまざまな大学や学部の合格者に関する書籍が多数出版されています。こうした書籍には、合格者が経験した学習法や受験勉強期間中の模試の成績があり、さらにはありがたいことに、使った参考書や問題集が掲載されています。他には予備校や塾の合格体験記で、テキストをどのように用いたかが書かれていることもあります。こうした先人の体験を多数読み込んで、最もよく用いられて効果的なものを選んでください。

忘れてはならないことは、こうした参考書や問題集は、まずは各教科それぞれ1~2冊に絞っておくことが大切だということです。しかし、先人の教える参考書が少ない冊数だと範囲をカバーしきれないのではないか、とか、本の厚みが思いのほか薄いので大丈夫か、などと不安に思うこともありえます。それでも先人の教えを信じましょう。良い参考書は、少ない時間で多くの成果を得るために欠かせないものです。登山でいうと、よくできたガイドブックは危険なルートや安全なルートを教えてくれますし、困ったときの対処も導いてくれます。しかし、できの良くないガイドブックは、書かれていることが的外れであまり役に立たず、またかえって道に迷うこともありえます。参考書も同じような側面があります。ぜひみなさんもしっかり良い参考書を選んでください。

8章　受験勉強生活を過ごす

① 1週間の勉強時間を確保する

これまで年間スケジュールで、模試や本番の日程が決まりました。そして勉強する場所を確保しました。初めに過去問に取り組むことにしました。その後に学んでいく学習素材を決めました。はやる気持ちを抑えて、計画と環境を整えたのです。それでは、いよいよ日々のスケジュールを立てましょう。

まずは、1週間の勉強時間を確保しましょう。平日と土・日・祝日に分けて考えましょう。平日では、他に動かせないスケジュールが入っているため、かえって受験勉強のスケジュールを立てやすくなります。なぜなら、配分すべき時間が少ないからです。

ただその前にまず知っておかなければいけないことは、1日は24時間である、ということです。みなさんは、これを聞いて、当たり前だよ、馬鹿にしないで、とおっしゃるかもしれません。しかし、実はここがとても大切なので、少し強調しておきたいと思います。

②　1日は24時間

1日は24時間であることは常識ですから、このことをとやかく言うつもりはありません。実は地球の自転周期は23時間56分4秒で……という話をするわけでもありません。世の中で多くの人が1日の価値を過小評価していると思います。もしみなさんの中で実は無意識に同じような認識でしたら、ぜひ時間をより大切にしていける気持ちをこれから共有したいと思うのです。

1日24時間のうち、どれくらいの時間を、自分で自由にできるでしょうか。ここで、高校3年生のスガ君をモデルにしてみます。

スガ君は毎朝6時半に起きて、30分かけて朝の身支度をします。そして7時から朝ごはんを食べて、7時半に登校します。8時10分に学校に到着して、8時半から朝のホームルームが始まります。15時半に授業が終わって、15時40分に下校します。16時20分に自宅に到着して、17時まで休息します。その後、学校の宿題と予習復習をして、19時から夕食です。19時半からスマホでSNSを見たり友だちとＬＩＮＥをします。途中30分は入浴しますが、それ以外はスマホを触り続けて。深夜０時にようやく就寝します。

どうでしたか？　スガ君の日常生活はみなさんと共通する点はあるでしょうか？　そしてこの日のスガ君が自由に出来る時間はどこにあるでしょうか？　まずは、24時間の内訳を考えてみましょう。睡眠時間が６時間30分、登下校が１時間20分、学校が７時間30分、身支度30分、朝食・夕食が１時間、入浴が30分、宿題・予習復習が２時間、休憩が４時間40分で、合計24時間となります。

この中で、スガ君が受験勉強に置き換えることができる時間はどれでしょうか？　睡眠時間に手をつけますか？　それとも食事？　もしくは、ＳＮＳがメインの休憩時間？

受験勉強の時間を確保する前に、１日の過ごし方で手をつけるべきでないところがあります。したがって、その時間がどこかをまず考えてみましょう。

ところで、繰り返しますが１日は24時間しかありません。１時間無駄にすると、よけいな労力を使うことは疲労感で自覚できます。しかし手持ちの１時間が失われることは意外と自覚していない人が多いと思います。なぜなら時間は自分の所有物でありながら、自分の身体の中のものではないので、時間の喪失を直接体感できないためです。そういうわけですので、かけがえのない自分の時間というものを、意識して有意義なものに優先的に使っていくことに努めていきましょう。

③ 睡眠時間は1日の柱

まずは睡眠時間を柱として考えます。睡眠中は、人は脳のメンテナンスが行われて、学んだことが脳に定着する重要な時間となります。睡眠の第一人者である三島和夫先生著『不眠の悩みを解消する本：満足のいく眠りのための正しい方法』（法研）によると、睡眠はその日に学習したことを整理して記憶する役割があります。そして勉強して8時間後の記憶は、その間睡眠を取った方が、取らないよりも記憶が良いことが分かっています。したがって睡眠時間を削ることはよくありません。

次に睡眠時間の長さについて考えてみましょう。受験生に多い17歳くらいに必要な1日の睡眠時間は、およそ450分、つまり7時間30分くらいのようです(Ohayon, 2004, Sleep)。

そして、毎日同じ時間に起床と就寝を繰り返しておくと、朝には目覚めのホルモンである副腎皮質ホルモンが脳の指令で分泌されて爽やかに目覚めます。また夜には脳から眠りのホルモンであるメラトニンというホルモンが分泌されて眠気が誘われます。こうしたホルモンは意識して分泌させることはできませんが、毎日一定のリズムで生活することで、規則正しく分泌されるようになります。

このことからスガ君は、朝6時30分に起床するなら、深夜0時でなく23時に就寝した方がよさそうです。そうはいっても、なかなか寝付けない、と言う方もおられるでしょうから、寝付けるための工夫を次にお話ししましょう。

④ 寝付く工夫で良い睡眠を取ろう

ぼくたち人間は眠る1～2時間前からメラトニンが分泌されます。こうしたメラトニンの分泌は実は朝の行動に影響されます。その行動とは朝日を浴びることです。規則正しい生活に合わせてその日に朝日を浴びておくと、より確実に夜の同じ時刻にメラトニンが分泌されて眠気が来るようになります。

一方、就寝時間の2～4時間前はまだ副腎皮質ホルモンがメラトニンより優勢なので目が冴えています。だからこの2～4時間前に寝ようとしてもかえって眠れず、ストレスが生まれてますます寝付けません。

上手く寝付くためには、寝室の温度や湿度、音や明るさ、枕や布団にマットレス、といったものは、それぞれ快適なものを選んでください。入浴は就寝2時間前がベストのようです。定期的な運動は睡眠しやすいのですが、就寝3時間前を過ぎたらかえって眠れなくなるので控えましょう。さらに睡眠について詳しく知りたい方は、前出の『不眠の悩みを解消する本：満足のいく眠りのための正しい方法』に詳しいのでぜひ読んでみてください。

スガ君に置き換えると、朝6時30分に起きて、20時30分～21時に入浴した後はリラックスしつつ、23時に就寝するのがよさそうです。

⑤ 朝の勉強時間

スガ君は朝6時30分に起きて7時30分に登校し、8時10分に学校に到着します。この時間に勉強できる時間はあるでしょうか？

朝の身支度には洗顔・トイレ・着替え・時間割などがあります。普段は30分ですが、少し節約してみましょう。目覚めたばかりではまだメラトニンが残っているためまだぼんやりしていますが、副腎皮質ホルモンはすでにピークを迎えています。ぼんやりしているために身支度に時間がかかるなら、夜寝る前に出来ることを前倒しして、浮いた時間を勉強に回しましょう。睡眠中に整理した記憶を朝に確認して、より記憶を定着させておきたいものです。着替えの準備や時間割は寝る前に済ませて、朝の身支度を10分で済ませることが出来れば、20分が浮いた計算になります。朝食も30分を10分にすれば、20分が浮きます。これで合計40分浮きました。

それから、通学時間はどうでしょうか。40分のうち電車に乗る時間が20分だとすると、その時間は勉強時間に使えませんか？　空いた電車なら本が読めますし、混んでいてもスマホで音声が聞けます。スマホでリスニングや学習用の動画などを活用すれば、すき間時間も活用できます。目的意識を持って電車時間を勉強時間に変えれば、勉強時間をさらに20分捻出できます。これで朝に1時間勉強時間が確保できました。

❻ 放課後の勉強時間

スガ君は15時40分に下校していました。学校が終わったらすぐに帰っていますが、早すぎませんか？　そうです、自宅に直ぐ帰るよりまだ外で勉強する方が、ピアプレッシャーがはたらいて緊張感も持てる環境で勉強できるかもしれません。スガ君の学校は図書室が17時30分まで開放してあって、自習にも使えるようです。ならば15時30分の終業後に図書室に急げば、なんとか2時間勉強時間が確保できます。しかも、適切なピアプレッシャーが得られれば集中できる良質の時間が見込めます。

その後は17時40分に下校し、その後40分かけて帰宅します。ここでも20分の電車時間は、勉強時間に変えておきましょう。

これで、放課後から帰宅前で2時間20分確保できました。

7 帰宅後の勉強時間

18時20分に自宅に到着したら、19時の夕食まで時間があります。まだ緊張感が残っているうちに、10分ほどで明日の時間割と着替えの準備をしておきましょう。残りの30分はリラックスタイムです。ＳＮＳやＬＩＮＥなどのスマホタイムはここで集中しておくと、遊びスマホへの未練も断ち切りやすいでしょう。

夕食は19時から30分間でしたが、節約して20分間にとどめておきましょう。そして入浴は20時30分から21時に変えましたので、入浴までの1時間40分は勉強時間とします。入浴後の21時から就寝20分前の22時40分まで勉強するとすると、1

時間40分は勉強時間となります。これで合わせて、夕食後は3時間20分を勉強時間に費やせます。

これで、朝に1時間、放課後学校で2時間20分、帰宅後に3時間20分となり、なんと合計6時間40分が確保できました。もちろんこの中で効率よく休憩時間も取りますが、睡眠時間をむしろ増やしつつも、これだけの時間が確保できることを分かって頂きたいと思います。みなさんもスガ君の例にならって、自分なりの学習時間を確保してみてくださいね。

8 休日の起床と就寝

受験生だからといって休日も1日中勉強するとしたら、楽しいことがなくて意欲が湧かない、という声がみなさんから聞こえてきそうです。ぼくも休日はしっかり休息を取って気分転換をはかるのがよいと思います。

それでも、休日はまとまった時間が得られるため、じっくり取り組みたい分野の勉強ができる良いチャンスでもあります。だからこの辺りのバランスを上手く取れるような計画を立ててみませんか？

まず休日の起床と睡眠について考えます。土・日・祝日のような学校がない日くらいはゆっくり寝かせてよ、という方もみなさんの中にはいるかもしれませんね。また休みの日にたっぷり寝ておけば、寝だめになるので平日頑張れるよ、と言う声も聞こえてきそうです。さて、休みの日の睡眠は、どうするのがよいでしょうか？　これも脳科学的に答えていきましょう。

先ほども述べましたが、起床と就寝を同じ時間で何日も繰り返していけば、脳がそれを覚えてくれます。そのおかげで目覚めのホルモンである副腎皮質ホルモンや眠気のホルモンであるメラトニンが時間通りに分泌されるようになります。すると規則正しい睡眠が取りやすくなります。またヒトは寝だめができないといわれています。

そういうわけなので、せっかく平日に規則正しい睡眠が取れているなら、このリズムを休日に崩してしまうのはもったいないですよね。むしろ休日も平日と同じ時間に起床と就寝をすれば平日がより過ごしやすくなります。したがって、休日も平日と同じように睡眠を取ってください。

⑨ 休日の余暇と勉強のバランス

休日を楽しむときは、平日のストレスも解消できるように上手く活用しましょう。休日を趣味に費やす場合はその日だけ楽しむのではなく、前後も楽しめるようにしておきましょう。例えば映画や買い物、食事やコンサートに友だちと行くのも大いに結構です。そしてその予定を早めに決めておけば、何日も前から楽しみでワクワクできます。だから平日に勉強して少しうっぷんがたまっても、楽しみでストレスが解消されやすくなります。そして休日の遊びが楽しければ、その後の平日も、余韻を楽しむことができて、また平日の勉強も頑張りやすくなります。

ただし、さすがに毎週土・日・祝日を1日中遊びに費やしてしまうのは、受験勉強の点からは、ちょっともったいないです。まとまった時間は、苦手な分野の克服などに使える貴重な時間だからです。ひと月を4週間とすると、土・日が8日間あります。模擬試験が月に1回程度入ります。模擬試験の当日は、テストだけでなく、答え合わせや間違い直しを行ってもらいたいので、予備校の自習室や自宅で勉強してもらうことになります。外出は気分転換になって良い面もありますが、あまり寄り道が長くならないように気を付けてください。

⑩ 休日は苦手に取り組むチャンス

4週の土・日8日のうち、模試を除くと残りの7日間あります。そのうち、1日間くらいは、丸1日使って遊びに行っても良いと思います。それ以外の6日間は、教科を割り振って勉強に充ててもらい、勉強時間の不足を補ってください。こうした休日の活用は、模試の結果などを踏まえて苦手分野を克服するためにまとまった時間を使うなど、予めテーマを決めておいて計画的に使うと良いでしょう。

例えば、数学ではユークリッドの互除法、条件付き確率、区分求積法。英語では文法で仮定法過去完了や分詞構文。物理では電磁気学のコンデンサや力学でのケプラーの法則。化学では無機化学の酸化還元反応や有機化学の官能基別の反応。世界史ならヨーロッパの封建制度やモンゴル帝国。日本史なら中世の院政と平氏政権や近代の民権運動。地理なら地誌のヨーロッパや系統地理の気候。国語では現代文の評論や古文の敬語。

こうした特定の分野だけが苦手な場合があるでしょう。こうした分野を、基礎からしっかり振り返りながら学んでいって、テストで答えられるようにしておきます。これまで解いた過去問や受けた模試の中で苦手であったところは、これからもまた出題されるかもしれませんので、苦手を克服しておくと、むしろ得点源となって他の受験生に差をつけることすらできます。次の章では、苦手分野の取組み方についてお話しします。

9章　苦手な分野の克服

① 苦手な分野はチャンス

科目に得意や不得意があるように、分野別にも得意や不得意があるものです。ぼくも、苦手な分野がありました。大学受験では、有機化学は学校では高3の秋から学ぶのですが、医学部受験でハイレベルにしないといけないので、公立高校の進み具合そのままでは到底間に合いません。したがって、前倒しして自分で勉強しないといけません。こうした分野は夏に模試を受けてもさっぱり解けませんでした。それでもまず予備校の夏期講習で有機化学の講座を受けてみると、ポイントが上手く押さえられていたお陰で、頭の中でひとまず土台と骨組みができました。そこからは自分で問題集の解き直しをしつつ参考書を読み込んでいくと、夏休み中には案外あっけなく自力で有機化学を得点源とすることができました。

苦手な分野にもよりますが、苦手なところはおよそ共通していることが多いようです。大学入試は相対試験で、合格者数を制限しないといけないので、苦手な人がそのままにしておくと点が取れないような分野がよく出題されます。そうはいっても大学入試は高校で学ぶ範囲を超えては出題されないので、しっかり取り組めば思いのほかあっけなく壁を突き破ることができるものです。

❷ 休日は午前中から苦手克服を

前章で、各教科で例えばこういった分野が苦手な場合は……と例を挙げました。ぼくが大学受験のときは、数学では微分積分は最終課題で、中でも難しい体積積分や微分方程式などは、その名前を聞くだけで怖いイメージがありました。

こうした恐れの気持ちは、心理学ではハロー効果として知られています。ハロー効果は、表面的な特徴に引きずられて全体の評価をしてしまうことを言います。受験では、多くの受験生が恐れているのはその内容ではなく、実はそのいかつい名前だけ、ということが多いのです。そして本当の評価を左右して評価を狂わせてしまうこうした印象のことを認知バイアスといいます。このような、人間らしさともいえる、合理的でない行動を取ることを経済学に取り入れて研究する学問を行動経済学といい、脳科学での最先端分野です。

だから、苦手なものもいつまでも嫌がらずに、苦手な気持ちは認知バイアスによるものであって本当はたいしたことはないかも知れない、と考えてみましょう。例えばその分野の広さにもよりますが、休日の午前中から一度じっくりと取り組んでみましょう。休日は時間がたっぷりあると思えば、気持ち的にも楽に取り組みやすくなります。実際に心のゆとりは心理的ストレスを和らげます。

そして意外なことに、午前中の3時間くらい集中すれば土台や骨組みくらいはできることが多いと思います。まずは厳選した参考書の中で苦手なところを丁寧に読んでみましょう。

③ 学び直しで穴をなくす

もし参考書が難しければ学校の教科書や副教材、教科書ガイドまで遡《さかのぼ》っても良いでしょう。なおも分からなければ、もっと前の学年の教科書を取り出して読んでみることもお勧めします。苦手なところは、実は数年前に分からないところをそのままにしている可能性だってあり得ます。その場合はどんどん初歩的な内容にさかのぼってみましょう。こうした作業を、学び直しといいます。テストの見直し、間違い直し、解き直しに続いて、学び直し、という新たな4つ目の「直し」が現れました。なんかボスキャラ感満載です。学び直しは、間違い直しのときに、深掘りする際に時々必要になります。ぼくも高3で物理学の受験勉強を始めたときに、ちっとも分からなくて掘り下げたら、結局は高2の初めで習う運動方程式が分かってないところまでたどり着けました。恥ずかしかったのですが、ここから学び直すと意外とあっけなく1ヶ月ほどで物理学自体が得意になりました。自分の苦手にとことん付き合う癖ができると、どんな科目にも応用できます。

④ ぼくの学び直し

もう少しついでにぼくの大学受験での経験をお話しします。夏休み明けに英語が伸び悩んでいました。結局は語彙《ごい》力があればなんとかなると思い、これまで自分が出会ったであろう英単語を全て洗い直すことにしました。中学1年から3年までの教科書、高校1年から3年までのリーダーと副教材、模試の問題、全てのページを見直して、その時の自分が知らない単語をノートに書き写していきました。この作業は、他の科目の勉強も並行させつつ、1ヶ月かかりました。そしてこのノートの単語を徹底的にまた次の1ヵ月をかけて覚え込みました。この時11月です。すると、模試や大学入試で、知らない単語に出会うことがなくなりました。ただ前も述べたように、responsibility だけは、なかなか覚えるのに苦労しました。

ぼくは、30歳の脳神経外科専門医試験でも学び直しをしました。この試験では、最先端の脳神経外科学における知識まで問われる、ということで先輩たちからは、英文雑誌で最新論文をよく読むように、といわれました。そうはいっても、受験で単語はいっぱい覚えましたがそれでもやっぱり英語を読むのは苦手ですし、ましてや専門分野とあれば、なおさらです。

そこで、前に述べたようにこの試験がどういう性質かを分析してから対策を練ることにしました。合格率は60%なので、ざっくりいって平均点なら通るんだろう、と思いました。正確には中央の順位の人の点数である中央値の方が適切でしょうが、いずれにせよ、あまりに難解なことを知っているかということより、基礎固めの方が大事だといえます。そこで、受験勉強で英単語の学び直しをしたように、医学の学び直しをすることにしました。

まず、医師国家試験の過去問と、国家試験対策本を用意しました。さらに看護師国家試験の受験対策本も用意しました。看護師国家試験の内容は医師国家試験よりは簡単ですが、骨格となる重要事項は共通するので、むしろポイントが分かってすっきりします。看護師国家試験の神経学については、学び直しは1日で終わりましたが、貴重な1日であったと思います。なぜなら2、3箇所で覚え違いがあったからです。

その後、医師国家試験の過去問で神経学分野を3周しました。所々間違いを見つけたので、間違い直しと解き直しを往復しつつ完璧にしました。これには2日間かかりました。こうして神経学の骨組みや全体像を立て直して、ここからようやく、脳神経外科専門医試験の過去問に着手しました。

結論を言うと、学び直しは面倒ですが、さほど時間はかからず得るものも多い、ということです。そして、基礎的な分野の勘違いをそのままにして難しいことを学ぼうとしてもきっと学びきれなくて悪循環に陥ったと思います。初めの学び直しがなければ、きっと専門医試験も合格できなかったと思います。

さらにいうと、たくさんの苦手分野があったとしても、このように克服の仕方は共通していますので、2つ目、3つ目と進んでいくうちに次第に慣れていきます。そして、徐々に意欲が出てくるようになるので、ペースが上がります。苦手分野があと少しになると、さらにペースが上がって、俄然やる気が出るものです。こうして、ゴールに近づくほどやる気が高まることは、行動経済学でいう目標勾配効果といいます。こうした行動経済学は『行動経済学まんが　ヘンテコノミクス』(佐藤雅彦・菅俊一著、マガジンハウス)で楽しくマンガで学べます。

苦手な分野は過去の学び直しも必要だ、という点は、ビルの建築に似ています。ビルが建つときは、建て始めてすぐに高さが増していくのではありません。むしろ、予定する建物の高さが高いほど、一旦地面を掘り下げます。そして数ヶ月を経て杭を立てたり基礎ができあがって、ようやく高さが増していきます。それからはビルらしく高い骨組みができて、外構が仕上がっていきます。受験勉強も同じだとぼくは思います。学び直しを含めた基礎学習での掘り下げが十分であれば、その後の応用分野も揺らぐことはありません。

みなさんもぜひ、苦手な分野も休日などを使って学び直しをすることで、弱点を得意に変えてくださいね。

10章　教えると分かるようになる

① 教えることのメリット

ぼくが大学で教育するようになって思うことは、学びながら教えることもあるということです。大学で教えている学問は解剖生理学といって、ぼくが大学生時代でも大変熱心に学んできたものです。そして医師になってからもその内容をよく使っていました。しかしいざ学生に教えるとなると、教える準備をしてみてうろ覚えだったりよく理解していなかったり、という箇所がところどころ見つかりました。やはり自分で分かってないことを人に教えるのは難しいな、ということに気づきました。さらに学生にしっかり教えられるように学び直すと、あやふやだったところも自分で理解できるようになっていきました。

このように、人に教えるときに、自分の苦手が見つかったり、うまく学び直せたりすることがあります。最近はアクティブ・ラーニングという学び方の必要性が高まってきています。文部科学省もこの学び方を近年推し進めるようになってきています。理由は、「生涯にわたって学び続ける力、主体的に考える力を持った人材」（二〇一二年中央教育審議会）を求めていくために必要だと考えているためです。その中で、仲間同士で教え合う手法も活用されています。それでは具体的な方法について見ていきましょう。

❷ アヒルに教えてみる

お風呂に浮かんでそうなゴムのアヒルさんは、英語で rubber duck（ラバーダック）といいます。このラバーダックは黄色くてかわいらしい顔つきをしていますね。

このラバーダックに向かって、難しい内容を嚙み砕いて説明をしていくと、話し手の理解が深まり、内容に誤りが減るようです。この方法は、もともとはコンピュータプログラマが、プログラムを修正するために、一行ごとにプログラムをラバーダックに説明しながら誤りを探していく方法です（The Pragmatic Programmer: From Journeyman to Master（Thomas ら著、邦訳：達人プログラマー：熟達に向けたあなたの旅、オーム社））。この方法は、受験勉強など様々な用途に応用できます。自分の理解がすっきりしないことについて、ラバーダックに向かって話していけば、だんだん筋道を立てられるようになってすっきりしていくというのです。

勉強友だちに話しかけても良いですが、スケジュールが合わなかったり、お互い気を遣ったりすると、友だちに教えることは上手くいかないかもしれません。その点ラバーダックなら、いつでもどこでも話を聞いてくれますので大変便利です。

なにも、本当にお風呂に浮かべるような黄色いアヒルのおもちゃでないといけないわけではありません。お気に入りのぬいぐるみでもいいし、プラモデルでもいいのかもしれません。誰かの写真や何かのイラストで良いかも知れません。ただ、友だちでも遊び友だちと勉強友だちがいるように、こうした無生物にも持ち主にとっての役割があるはずです。あまり気が緩んでしまうようなものなら逆効果ですので、これまでさほど思い入れがなかったものも良いでしょう。新たに購入しても良いかもしれませんね。

③ 教え方を決めておく

教えるといっても、知っていることをだらだら話してもよくありません。それは、相手が分かりにくいからです。話す相手が分かりやすいように話すには、コツがあります。それは、話すための型を決めておくことです。

どの学習分野でも、1つの型について話せるような学び方をしておくと、学びやすいし話しやすくなります。では、どんな型が良いでしょうか？　プレゼンテーションの方法にはいくつかの型がありますが、ぼくがお勧めしたいのは、『伝え方の教科書』（木暮太一著、WAVE出版）にあるテンプレップ法です。この方法は、話すことを6つの項目で作っていきます。それは①テーマ、②ナンバー、つまり話す内容の数、③ポイント、つまり結論、④結論の理由、⑤例、⑥もう一度結論、です。

例えば、高校1年生あたりで習うユークリッドの互除法についてテンプレップ法で説明してみましょう。①ユークリッドの互除法についてお話しします。②話す内容は3つあります。③一つ目は二つの数の最大公約数を求めること、二つ目は簡単なこと、三つ目は割り算をすること、です。④最大公約数は普通それぞれの数を素因数分解して、その最大数を考えます。しかしこの方法は二つの数の素因数分解をするまでもなく、両者を割り算すれば簡単に求まるというものです。⑤例えば、1234と5678の最大公約数を求める場合、互いを割り算に当てはめ、5678 ÷ 1234 = 4 余り 742 とします。次に、割る数と余りを、割られる数と割る数に置き換えて、1234 ÷ 742 = 1 余り 512 とします。また割る数と余りを、割られる数と割る数に置き換えて、742 ÷ 512 = 1 余り 230 とします。これを、余りが0になるまで繰り返すと、最後に 4 ÷ 2 = 1 余り 0 となります。この最後の式の割る数の2が、最大公約数となります。割り算は簡単なので根気よくやれば、最大公約数が求まります。⑥まとめですが、ユークリッドの互除法では、割り算を繰り返していけば、どんな数でも、二つの数の最大公約数が求まります。以上です。

このようなお話しを、ラバーダックに向かってしてみましょう。もしつっかえるところがあれば、理解がもう少し必要なので、学習を加えましょう。

④ 説明できることの大切さ

みなさんの中には、わざわざラバーダックみたいな物を用意して説明しなくても、教科書を読んでさえいたら理解できますよ、という方もいるかもしれません。確かにそうともいえるでしょうから、そこでラバーダック法の素晴らしさを説いたからといって、話が平行線で終わってしまうのは目に見えています。なぜなら、何をもってそもそも「理解した」、「分かった」といえるのか、が人によってあいまいだからです。

この「理解する」、「分かる」という言葉自体がクセモノで、勉強をかえって難しくしている面があります。「理解した」といっても、話を聞いて意味が分かった、ということを指しているのか、内容が完全に頭に入って理屈が分かった、ということを指しているのか、勉強している本人でも区別がつかないことがあります。

ですから、一口に「理解した」、「分かった」といわず、別の言葉を使ってどのくらいの段階なのかと言い換える方が、誤解がなくて済みます。前出『伝え方の教科書』では、理解の段階を3つに分けています。それは、①把握、②納得、③再現、です。この3つがどのように違うかを説明していきましょう。

まず①把握というのは、とりあえず見た、聞いた、という段階です。人の話を聞いて、その話聞いたことあるよ、という意味で、知ってる、分かってる、というときは、この①把握の段階です。しかし、把握しただけではテストを解く際も、せいぜい問題文に出てくる用語を見たことがある、という程度に留まっているに過ぎず、問題を解くことは難しいでしょう。もう少し高い段階の知識や理解を得る必要があります。

次に②納得というのは、内容を把握した上で、さらに内容の理屈や原理が自分なりにうなずけるという段階です。この場合、言葉の意味まで理解できているので、例えば正しい文を選ぶ多肢選択問題なら解けるかもしれません。しかし、ヒントを与えられずに解かないといけない記述問題や応用問題に対応するのは難しいでしょう。

最後に③再現です。学習分野を①把握して、②納得した上で、いつでもノーヒントで原理や理屈を述べたり、よく出る問題とその解き方を説明することができる段階です。十分知識を暗記して、理屈が分かって、自分で説明できる、という理解の最高段階です。お気づきかもしれませんが、ラバーダックに説明するためにはこの③再現までの理解に到達している必要があります。理解度が高いかどうかが確認できるため、ぜひみなさんのラバーダックを見つけて仲良くして、大いに活用してください。

11章　付箋解き直し法で合格にせまる

① 付箋を使う

付箋は本のページに印をつける便利な文房具です。印をつける理由は、もう一度見るかもしれないから、ということにつきるでしょう。

こうした付箋を貼るためのマイルールって、みなさんにはありますか？　例えばページの上に貼るのか、それとも側面に貼るのか。幅や長さはどんなものを使うか。色にルールを決めているか。このように、付箋にもいろいろあるので、使い方は人それぞれかと思います。

ぼくも、みなさんそれぞれお好みの付箋を使えばいいと思います。ただ、その使い方では、受験勉強に役立つ方法でおすすめしたいものがあります。それではお話ししていきます。

ぼくは、付箋を問題集には必ず使います。それは解き直しと関係します。なぜなら解き直しをしないといけない問題のページに付箋をしておくからです。

解き直しをすべき問題に付箋を貼るって、どういうことでしょう。問題を解き直すことは、受験勉強の柱となる大切な行いです。まず問題を解いて、答え合わせをします。間違えた問題の間違い直しを行った後に、再び間違えた問題を解き直しします。間違えた問題は、このように後で解き直ししないといけないので印をしておく必要があります。そこで、付箋の登場です。間違えた問題が分かるように、間違えた問題の数だけそのページに付箋を貼っておくのです。

そして解き直しで解けるようになったら、その付箋を剥がします。すると、本を閉じても付箋があるところが、まだ残っている解き直しすべき問題数として見える化できる、というわけです。

付箋によって、解き直しすべき問題の数が見えるようになることは、みなさんの思い込みを取っ払ってくれるんです。この効果は、受験勉強においてとっても役に立つんです。

次は、受験勉強で学力向上を邪魔するこうした思い込みについてお話しします。

② 受験勉強での思い込み

それでは、受験勉強にはどんな思い込みがあるか、ということをお話ししていきます。

例えば、とある問題集を解いていったとしましょう。数学なら『チャート式基礎からの数学Ⅲ』（数研出版）、いわゆる『青チャート』であったり、日本史なら『山川一問一答日本史』（山川出版社）、英語なら『英文標準問題精講』（旺文社）などが定番でしょうか。

解き直しをするとなると、苦手な問題ばかりになりますし、そこに立ち向かっていくためにはちょっとした気合いのような、気持ちを強く持つことが必要となる場合もあります。なぜなら、そこにはみなさんに思い込みによる抵抗感があるためです。

問題集を本棚に並べていた場合、この本の背表紙を目にしただけで、「うわっ、大変だなぁ」とちょっとした圧迫感があったり、苦手な問題を解いても解いても切りがないような気になることもあり得ます。ぼくもかつてはそうでした。

こうした思い込みによって判断してしまうことを、心理学ではまとめてヒューリスティックと呼んでいます。このヒューリスティックにはいくつかの種類があります。

例えば数学が苦手で、『青チャート』を解いて間違いがいくつかあったとします。この間違いの数を正確に把握していないと、初めにあった苦手意識を過剰に引きずってしまって、実際以上に間違えた問題の数を多く見積もってしまい、勉強に対する抵抗感が芽生えてしまうと解き直ししづらくなりかねません。こうした、最初の思い込みを引きずることを、「係留《けいりゅう》と調整ヒューリスティック」といいます。

加えて、苦手な科目の問題集は、表紙を見ただけで尻込みして意欲をそがれるかもしれません。これも思い込みで、「代表性ヒューリスティック」といいます。苦手な科目の定番問題集だとさぞ難しいのでは、というのも単なる思い込みであって、実際に中身を見ないと分かりません。実は苦手な科目の問題集でも、解説がわかりやすくて楽しく学べることだってあり得ます。また解き直しすべき問題の数も想像よりはるかに少なく、あと少しかもしれません。こうして実際に間違い直しをして解き直しをしてみたら簡単に克服できるかもしれません。

こうした受験問題集に対する過大評価の逆で、過小評価もあるかもしれません。簡単だと思い込んでいる問題集も、実はいくつか解き直すべき問題が残されているかもしれませんが、大丈夫と思い込んでしまうと、二度とその問題集に手をつけることができなくなってしまう懸念もあります。

こうしたヒューリスティック、つまり思い込みによる判断は、事実に基づかずに、先入観や偏見に基づいてしまったために起こります。したがってみなさんは、受験問題集に対する先入観や偏見を取り除く必要があるというわけです。

③ 付箋で事実を把握する

受験勉強では、みなさんご自身の現在値を確認しながら進めていく必要があります。したがって、ご自身のことを過大評価も過小評価もせず、ありのままの評価をしてください。そのためには、事実を把握する必要があります。

受験問題集で、現在の進み具合をありのままに把握すれば、ヒューリスティック、つまり思い込みも取り払うことができます。そのために使うのが、付箋です。貼り方としては、付箋をページから少しはみ出すように貼ってください。すると、本を閉じてもどれだけ付箋が貼られているかが分かります。この枚数が、解き直ししないといけない問題数であれば、問題集を開かずとも目にしただけで、過不足なく課題の量が、一目瞭然で分かります。

そして、解き直しで正解できるようになれば、付箋を剥がしていきましょう。すると、徐々に付箋の数が減っていきますので、見た目に課題が減っていくのは楽しいです。前にもお話しした心理学でいう目標勾配で、ゴールに近づくとペースも自ずと上がるものです。

使う付箋の種類はどんなものが良いか、についてですが、目的に適うなら、どれでも良いと思います。ただし、今回は数が分かれば良いので、短くて細いものでも十分かと思います。少し書き込めるものなら、貼ったページのどの問題かを書き込んでも良いでしょう。よほど小さい付箋なら書き込めませんから、どの問題を解き直すかをページの中で別の小さい付箋を貼って目印にすると良いでしょう。

付箋には大きいもので書き込めるものもあるでしょう。こうした書き込める付箋は、問題集でいうと正答欄への書込みや、参考書に用いるとよいでしょう。しかし、問題集の問題部分では、できるだけ書き込まずに、きれいな状態に紙面を保って、ノーヒントで解き直しができるように心がけてください。問題文への書き込みは、解き直しするときのヒントになってしまい、書き込みを見て解けたとしても、ヒントがあるから解けた可能性もあって、本当の解き直しになっていないかもしれないからです。

したがってこの点は強調しておきたいのですが、問題集の問題部分はきれいに書き込まず、参考書や問題集の正答欄には大いに書き込むと良いでしょう。

④ これまでの道のりを見える化する

これまでの道のりを見て確認する作業は、モチベーションを維持するためにも大切です。登山でいうと、まだ山頂が見えないと心がくじけそうになるかもしれませんが、現在値を知って出発地点から随分登ってきたことが分かれば、また頑張ろうという気持ちになれるものです。

ぼくの場合は、剥がした付箋は裏表紙に貼り直していました。これまで解き直した問題数が見て取れるので、これまで頑張ってきた量も一目瞭然となり、学んだ道のりの確かな証が心の支えになってくれます。もっと分かりやすくするために、壁に貼っていっても良いかもしれません。

付箋に加えて、透明な瓶にシャーペンの替え芯の空ケースや使えなくなった短い鉛筆を入れておくのも、これまでの勉強量を見える化できて、自分は確かに頑張ってきた、という事実に基づいた自分の可能性を認識できる自己効力感を養えます。自己効力感を強く持てれば、目標を達成しやすいといわれていますので、参考にしてみてください。

12章　受験勉強の心がまえ

① お金は勉強のご褒美になる？

ぼくたち人間は、生活費を稼ぐために働いて社会生活を送ることが多いですよね。ですから、お金を頂くことは働くためにやる気を起こさせます。それなら、お金をもらえればやる気を出して受験勉強をすることができるでしょうか？

写真の記憶とご褒美との関係を調べた最近の研究（Miendlarzewska, 2021, Journal of Cognitive Neuroscience）では、お金のご褒美が多いと、少ないお金のご褒美よりも喜んで写真を覚えます。しかし、24時間後にテストすると、ご褒美が多かった方で喜びはむしろ乏しく、記憶も悪かったのです。このことから、外から与えられるご褒美は学習において速効性はあるものの、効果はあまり長持ちしないといえます。

さらに、お金でないご褒美についても考えてみます。2021年に東京オリンピックが開催されました。日本選手が獲得した金メダルの数は、過去最多の27個でした。この金メダルの原価はいくらだと思いますか？　環境省資料（メダルクイズ）によると約5万4000円となります。これがもしメダルの代わりに、同額の賞金を争うとしたら、選手が同じように頑張れるでしょうか？

『「学力」の経済学』（中室牧子著、ディスカヴァー・トゥエンティワン）によると、ある研究で小学生への学習のご褒美として、小額のお金と、同額のトロフィーを示されたところ、トロフィーの方が大きな効果がありました。このことからご褒美がある場合は、どうやらお金より名誉の方が良いかもしれません。さらにはオリンピックの金メダルも、原価と同額のお金よりははるかに選手にとって名誉の証として価値があり、当然やる気にもつながります。

こうしたことから、お金は勉強のきっかけには良いご褒美といえますが、効果は長持ちしません。お金なら少ない方が効果は長持ちしますし、さらにはお金でないご褒美の方がもっと学習効果につながりやすいともいえると思います。

② 勉強のご褒美は心の中にある？

さきほどは人からもらうご褒美が勉強のやる気につながるか、という話をしてきました。みなさんの中には、そんなの当たり前じゃない、お小遣いもらったら頑張れるよ、とか人から褒められても嬉しいよ、という人も少なくないのではないでしょうか。ぼくも、そういうところはあります。褒められると嬉しいし、ご褒美も嬉しいです。

しかし、もっと効果があるご褒美があるといったら、知りたいと思いませんか？それは実は、みなさんの心の中にあるのです。なんだか哲学的な話ならごめんです、という声が聞こえてきそうです。しかしそうではありません。

心理学的には、ご褒美には人からもらうもの以外に、心の中にもご褒美があるとされています。人から受け取るものは外的報酬と呼び、心の中のご褒美を内的報酬といいます。

ご褒美が二種類あるのに対応して、やる気も二種類に分けることができます。

外的報酬を求めるのを外発的動機付け、内的報酬を求めるのを内発的動機付けといいます。受験勉強でいうと、勉強したらお小遣いをもらえたり人から褒められたり、成績優秀者で表彰してもらうことを求めるのが外発的動機付けです。一方、受験勉強が他者からのご褒美でなく、自分が心からやる気になって、勉強することによってやりがいを得ることが内発的動機付けといえます。

そしてこうした外発的動機付けは、なんと内発的動機付けを損なうということが知られています。これは行動経済学ではアンダーマイニング効果と呼ばれています。

そもそもみなさんが受験勉強をしたい理由はそれぞれあるはずですよね。将来の夢を叶えたい人が多いのではないでしょうか。こうした夢に向かって一歩また一歩と進んでいくこと自体に喜びを抱くことができたら、人から褒められようが褒められまいが、本来は関係ないはずです。これが内発的動機付けですね。

ただ、だんだん勉強がマンネリ化してきて、初心を忘れてしまうと、他者からのご褒美を求めるようになっていくことがあります。これが外発的動機付けです。しかしここで踏みとどまってほしいのです。外発的動機付けに心を委ねてしまうと、そのご褒美なしでは勉強できなくなってしまい、ご褒美の効果もだんだんと薄くなっていくというのです。

そのため、内発的動機付けを大切にするために、外発的動機付けをできるだけ受け付けないようにしている人がいます。

例えば野球で活躍したイチローさんは、その偉業のために何度も国民栄誉賞の打診を国から受けましたが、そのたびに断っています。

また、かつて行方不明児を発見して有名になったスーパーボランティアの尾畠春夫さんは、『お天道様は見てる　尾畠春夫のことば』（白石あづさ著、文藝春秋）によると、月々5万5000円の年金生活を送りながら災害地に自費で赴き復興ボランティアをなさっています。そして国や自治体からの表彰を自ら望んでいないという姿勢を貫いています。

この二人に共通する姿勢は、自分が納得する仕事をして周囲の人に喜んでもらえること自体を本人にとってのご褒美としていて、外発的動機付けは遠ざけようとしている点にあります。人からご褒美を求めないということは、単に道徳的な振る舞いだというだけではありません。人からもらうご褒美がかえって自分の心の中のご褒美から起こるやる気をそぐことを、避けようとしている、ということにつながるのです。

ですから、みなさんも、そしてぼくも、自分の心の中にあるご褒美を追い求めて勉強に取り組んでいこうではありませんか。

③ やる気を保つために

自分の心の中のやる気を大切にすることが何よりだということをお話ししました。そうはいっても、受験勉強では長期間に渡ってやる気を保つ必要があります。『難関資格に確実に合格する勉強法』（尾崎智史著、ぱる出版）によると、こうしたやる気は、手入れしないと下がってしまいかねないそうです。そして一旦下がると元に戻しにくいので、こまめに下がりそうになると上げておくことが必要です。また、やる気を上げるためには、３つの方法があるそうです。

１つ目は、気分転換です。ずっと同じことを続けていくとどうしても飽きてしまって、続けられなくなってしまいます。こうしたわけで、こまめに休憩したり、休日に遊びの予定を入れたりして、気分転換をはかりましょう。

２つ目は、自分へのご褒美です。１日の中の短い期間で、少し頑張ったらおやつ、といった小さなご褒美はやる気を損なうものにはなりませんし、先ほど述べたように学習効果を得やすくなります。

３つ目は、休息です。頭を休めることは起きている時間でも大切ですので、１日のうち１時間に５〜10分ほどの休憩を入れることは大切です。また、１ヶ月のうちで何日かは休息日を設けておくと、リフレッシュにもつながります。１つ目の気分転換と違って、こちらは何もしない時間にします。こうすることで心も体も疲れを軽くします。

④ やり抜く力は成果につながる

みなさんは、同級生の成績が気になることはありませんか？ ぼくも高校時代に、英語が得意な同級生、物理がいつも100点の同級生、など同級生のことがうらやましく思えることが多々ありました。なぜなら才能あふれた人はきっと受験も上手くいって、将来も活躍するんだろう、と思えますから。

受験では誰もが努力するので、いくら努力しても才能ある人には敵わない、という考えもよく耳にします。では実際はどうなんでしょうか。才能と努力の関係性ってどう表せるのでしょうか。例えば才能があって努力しない人と、才能がなくても努力する人は、どちらが成果を上げるのでしょうか。

こうした点については、『やり抜く力 GRIT（グリット）――人生のあらゆる成功を決める「究極の能力」を身につける』（アンジェラ・ダックワース著、ダイヤモンド社）に答えがありました。心理学者のダックワース氏は数多くの事例から、才能・努力・スキル・達成という4つの項目の関係性について、簡単な式で示しました。

ここでこの項目の意味を確かめておきます。「才能」は、努力によってスキルが上達する速さと考えます。そして、「達成」は習得したスキルを活用して得られる成果です。

するとここから2つの関係式が得られます。

1つ目に「才能×努力＝スキル」という式が成り立ちます。やはり才能は間違いなく重要といえますが、才能だけがスキルに直結するわけではないともいえます。才能だけではスキルが得難く、スキルを得るためには努力が必要だということがいえます。

2つ目に「スキル×努力＝達成」となります。1つ目で得られたスキルを用いて努力すると、ようやくものごとが達成できる、というわけです。こうして2つの式をよく見てみると、両方の式に「努力」が含まれています。

この2つの式を合わせると、「才能×努力×努力＝達成」となります。つまり才能に、努力の2乗がかけ算されると達成が得られるというのです。したがって、才能が劣ることがあっても努力を重ねるほど達成を得やすいということがいえます。

このことは単なる言葉遊びではなく、現実にたくさんの事例があります。小さい頃は凡才と見なされても努力で偉業を成し遂げた人たちのことです。伝記を読むと、どんな偉人も相当な努力を積んだことが分かります。

そしてダックワース氏は、こうした努力を続けていく能力が「やり抜く力」であり、これこそが成功を導く「究極の力」だと結論づけています。

やり抜く力は、自分の内側から伸ばすことができます。受験勉強の内容に興味を持ったり、成果を得やすいぼくが書いてきた勉強法を実践したり、目的意識を持つことは、内側からやり抜く力を育むのに役立ちます。

ぜひみなさんも、粘り強く情熱を持って、受験勉強をやり抜いてください。努力は才能を凌駕《りょうが》し、努力は重ねるほど報われやすいのですから。

あとがき

最近、「親ガチャ」という言葉が世の中で広まりつつあります。子どもは親を選んで生まれてくることはできません。よそのうちは～なのに、とうらやましく思ったり、不満をぶつけることもあるかもしれませんが、ほとんど何の解決にもなりません。

他の生きものを見ると、卵で産み落とされて幼い頃から親を離れて生きていくものもありますし、完全変態で蛹《さなぎ》から成体に全く形を変えるものもあります。哺乳類でも生まれてすぐに歩いたり泳いだりして、自ら移動するものも多くあります。

一方人間は、生まれた時点では圧倒的に弱者であり、栄養も排泄も移動も、全てを親に依存しています。そして子どもから大人になる過程もグラデーションで、どこからが子どもでどこからが大人かが明確ではありません。

それでも人間の子どもは弱いので、親が子どもの面倒を放棄すると、子どもは今日1日を生き抜くことさえ難しくなります。ましてや将来を見通すことなんて、できなくて当たり前です。

さらには社会の中でも格差が広がりつつあることも、子どもにしわ寄せが来ることでますます子どもが生きにくくなります。世帯収入が低い家庭では教育費が削られます。難関校に進学する子どもの親は収入が高い傾向にあり、私立の進学校や予備校の学費、問題集や参考書といった教材費で、さらなる格差が生まれます。

とはいっても、嘆《なげ》いてばかりでは始まりません。みなさんがこれからの人生を自分で切り開いていくために、受験は良い機会だと捉えてほしいとぼくは思います。大学受験で受験先を決める際は、自分の希望や能力を考慮しますし、努力によって合格を導けるため、将来をコントロールすることが可能です。

いつかは大人になって自立していくので、後ろを振り返って境遇を嘆くよりは、前を見据えてほしいと思います。

日本ではデフレが続いていて物価が安いことは、受験勉強でもチャンスが広がります。１００円ショップに行けば、勉強法で紹介した付箋などの文房具は安くそろえることができます。１００円ショップの付箋も高いと思うなら、不要な紙を短冊状に切って、その端に糊スプレーなど貼って剥がせる糊をつければ安くあがります。

参考書や問題集は、どうしても書店で買えないなら、ネットショップや古書店に行けば中古品が安く手に入ります。なんなら先輩からもらい受けてもいいかもしれません。ぼくも高3のとき、友だちのお姉さんが持っていた『親切な物理』（正林書院、絶版）という高価で分厚い上下巻からなる参考書を頂けて、ありがたく何度も読んで勉強したお陰で物理が克服できました。

模擬試験だって探せば無料で受けられるものもあるようです。予備校や高校に聞いてみると良いでしょう。塾や予備校でも、無料や割引で受講できるものもありますから、尋ねてみても良いと思います。

ぼくたち人間は、知恵を使えばかなり工夫することができますので、こうやってお金を節約することも可能です。こうした手間をかけても、受験で志望校に合格すれば、精神的にも経済的にも見返りが得られますので、十分に元手は取れると思います。また知恵を使っているときは何か楽しいですよね。

脳科学的な勉強法では、みなさんの頭の中に納められた大切な臓器である脳を、本来の働きに沿って活用していけば、時間や労力の無駄を減らせます。だからこの本で書いた勉強法は、みなさんの夢を叶えるために必ず役に立つと思います。

あとはみなさんの努力にかかっています。かつてのホームラン王である福岡ソフトバンクホークス取締役会長の王貞治氏は、このような言葉を遺しています。「努力は必ず報われる。もし報われない努力があるのならば、それはまだ努力と呼べない」。この言葉は、努力の量を増やさないと報われない、と言う意味で捉えられがちです。しかし量のことはどこにも触れられていません。ぼくの解釈は、報われるように努力も工夫して取り組みなさい、という意味だと思っています。だから、みなさんもぼくの勉強法を参考にして、工夫された勉強を積み重ねて、ぜひその努力を報われるものとしてください。

今回、こうした勉強法について執筆しながら自分の受験生時代を振り返ると、とてつもない困難ばかりで、我ながらよく合格できたな、と感心します。その勝因をいま振り返ってみると、いつも自分の進路や勉強法を自分自身で模索せざるをえない境遇であったことかと思います。そのせいで随分回り道もしたかもしれません。しかしこうした人生をおくってきたからこそ、困難に向かいながら問題を解決していくことが自分の強みとなって、そうすることこそが自分の使命であると自負しています。艱難辛苦《かんなんしんく》汝《なんじ》を玉《たま》にす、という言葉があります。これは、人は多くの苦しみや困難を経験すると人間として成長する、という意味の西洋のことわざが由来だそうです。ぼくはこの言葉を胸に抱きつつ、また今日も一歩ずつ前に進んでいこうと思います。

そうはいっても、みなさんにはぼくのような苦労を真似することはとてもお勧めできませんので、ぼくがお教えする勉強法を実践してほしいと願います。そして、受験勉強で努力なさること自体が、きっとみなさんの人間的な成長につながると信じていますので、心から応援します。

最後に、エール出版社さんに大変お世話になりました。この場を借りて心より深く御礼を申し上げます。本当にありがとうございました。

■著者紹介■

開道貴信（かいどう・たかのぶ）

医師。博士（医学）。脳神経外科専門医。脳卒中専門医。てんかん専門医。機能的定位脳手術技術認定医。

大阪府立豊中高等学校、奈良県立医科大学医学部卒業。奈良県立医科大学大学院医学研究科修了。ドイツ・マインツ大学医学部留学。国立精神・神経医療研究センター病院、国立病院機構奈良医療センターを経て、大阪樟蔭女子大学健康栄養学部健康栄養学科解剖生理学研究室教授。幼少から医師を志し、独自の学習法を編み出して逆境を乗り越え、医学部現役合格。脳神経外科医および解剖生理学教授としての知見を活かし、脳科学に基づいて洗練した受験勉強法を確立。脳科学論文を多数発表。臨床医として不随意運動症、トゥレット症候群、てんかん、一般的脳神経外科疾患を専門とする。

代表著書に『管理栄養士のためのイラスト解剖生理学』（講談社、単著）。オフィシャルサイト：https://kaido.online

脳神経外科医が教える
脳科学的合格作戦

2021年11月20日　初版第1刷発行

著　者　開　道　貴　信
編集人　清水智則　発行所　エール出版社
〒101-0052　東京都千代田区神田小川町2-12　信愛ビル4F
電話　03(3291)0306　FAX　03(3291)0310
メール　info@yell-books.com

ISBN978-4-7539-3514-7

受験の叡智

受験戦略・勉強法の体系書

共通テスト完全対応版

東大理三合格講師30名超、東大理系・文系上位合格層講師多数の圧倒的結果に実証された受験戦略・勉強法

【受験戦略編】

総則編　戦略なき勉強法は捨て去れ

合格への３大戦略編　３大戦略総則

第１部　ターゲットを絞る

第２部　ターゲットへの的確なアプローチ

第３部　志望校・併願校と選択科目の戦略的決定

受験戦略構築編

【勉強計画編】

第１部　勉強計画の立て方

第２部　勉強計画のサンプルプラン

第３部　計画の実践と軌道修正のコツ

第４部　当塾講師陣の計画の失敗談とアドバイス

【勉強法編】

勉強法総論

勉強法各論（科目別勉強法）

【日々の勉強への取り組み編】

第１部　日々の勉強の核の確定

第２部　日々の勉強への取り組み方の重要ポイント

【本番戦略編】

【勝利の女神はあなたに微笑む編】

ISBN978-4-7539-3491-1

合格の天使・著

◎本体 2000 円（税別）